本书系国家社科基金重点项目“行政自我控制的理论与制度研究”
（项目编号：12AFX007）的阶段性研究成果

# 行政惠民理念的生成与制度研究

The Generation of the Benefit Oriented Administration Concept and Its Institutional Research

葛自丹　著

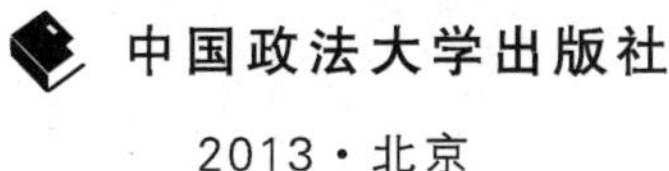

中国政法大学出版社

2013 · 北京

**图书在版编目（CIP）数据**

行政惠民理念的生成与制度研究 / 葛自丹著. 一北京: 中国政法大学出版社，2013.8

ISBN 978-7-5620-4993-7

Ⅰ.①行… Ⅱ.①葛… Ⅲ.①行政法一研究一中国 Ⅳ.①D922.104

中国版本图书馆CIP数据核字(2013)第202626号

---

**书　　名** 行政惠民理念的生成与制度研究

Xingzheng Huimin Li'nian de Shengcheng yu Zhidu Yanjiu

**出版发行** 中国政法大学出版社(北京市海淀区西土城路 25 号)

北京 100088 信箱 8034 分箱　邮编 100088

http://www.cuplpress.com (网络实名: 中国政法大学出版社)

58908325(发行部) 58908334(邮购部)

**编辑统筹** 第三编辑部　010-58908289　zonghebianjishi@gmail.com

**承　　印** 固安华明印刷厂

**规　　格** 880mm×1230mm　32 开本　7.5 印张　150 千字

**版　　本** 2013 年 8 月第 1 版　2013 年 8 月第 1 次印刷

**书　　号** ISBN 978-7-5620-4993-7/D·4953

**定　　价** 24.00 元

# 内容摘要

本书是在法学的领域内，以行政权力与相对方权利的关系为切入点研究行政法理念问题的一个全新尝试，并试图在秉承新的理念基础上，对行政法相关制度予以建设和完善。

研究行政法的理念要以行政法的理论基础为依托，自19世纪行政法作为独立学科产生以来，其理论基础众说纷纭，但基本上沿着管理论、控权论、平衡论这一主线发展。当下，平衡论作为行政法的理论基础已被大多数学者所认可，而本书亦是建立在平衡论的基础上，对新时期实现行政主体与相对方之间事实上的平衡给出了一条新的路径，提出行政惠民的理念。笔者认为，构建和谐社会的目标提出之后，单纯强调行政主体与行政相对方的平衡不足以全面回应社会需求，只有在平衡论的基本理论框架内给行政相对方更多的关照才可能达致行政主体与相对方事实上的平衡，并在此基础上达致构建和谐社会的目标。在我国，长期以来的计划经济体制强化了行政主体的管理权能、“官本位”的观念偏好强化了行政主体的“管理”角色，这与行政法中以服务行政为核心的发展趋势相悖，与国内民主法治进程相左，与整个法学领域对权利给予充分尊重和保障的观念相冲突，由此决定改变行政主体思维定势的必然性。所以，在当代中国，研究如何转变行政主体的“施行管理”角色为“提供服务”角色、提倡行政惠民的理念具有特别重要的意义。本书正是试图通过对行政法理念的再分析，在平衡论的框架内，提出将行政惠民作为行政法的新理念，同时对行政惠民的基本含义予以厘定，在阐述行政惠民理念形成理路的基础上，为行政惠民的新理念提供理论上的支撑，重述行政惠民理念指导下的行政行为之特点，进而在行政惠民理念的指导下，探索完善行政法制度的路径。

本书的核心观点是：在构建和谐社会的背景下，作为行政法理论基础的平衡论提升了行政相对方的地位。于平衡论的框架内，以权力与权利之间关系的演进为视角，提出行政法的新理念——行政惠民理念。行政惠民理念赖以存在的理论依据包括平衡论、公共服务理论和公民权理论。中国当下的市场经济、政府机构改革、公民权利意识的觉醒以及构建和谐社会的实践又为行政惠民理念的生成提供了现实条件。行政惠民理念下的行政法制度安排、行政目的和行政模式等一系列问题发生了变迁：行政相对方成为行政法制度的核心、行政目的由秩序行政转向了服务行政、行政模式由消极行政转向积极行政、行政手段由以强制性手段为主转而强调非强制性手段的运用。行政惠民理念必然会对行政法制度提出新的要求，要求在相关的制度中体现惠民理念，向着这一维度，笔者以包括行政指导、行政合同、行政奖励、行政调解等制度在内的典型的行政服务行为为标靶，在指出现存制度不足的基础上提出完善的措施。

本书除导论和结语外，分为四个部分：

导论部分包括三方面的内容：其一，笔者交待了权力与权利关系视角下行政惠民理念的提出，指出行政惠民理念的提出是对权力服务于权利基本要求的回应，是行政法发展的必然；其二，笔者简要介绍了当代中国学术界对行政法理念问题的研究现状及存在的不足，指出国内应对服务行政的基本理念之系统性研究的缺失；其三，概括性地介绍了本书的核心观点和论证逻辑，从而描绘了一个全文的整体性蓝图。

第一章阐述行政惠民理念的理论依据。以行政法理论基础——平衡论为依托，指出“结构性的动态平衡”是行政主体为相对方提供服务和给惠于民的理论源泉。以德国行政法学家福斯多夫提出“生存照顾”的服务行政理论为原点，汲取新公共服务理论中行政主体之服务精神和公民权理论中公民参与行政之必要性的理论内核，以政府的“生存照顾”责任与公民的参与权作为行政惠民理念的两个支点。逐步阐释“行政惠民理念”赖以存在的理论依据，从而为行政惠民理念生成的合理性与正当性提供理论上的支撑。

第二章着重分析行政惠民理念的内涵。运用语义分析方法解读行政惠民理念的基本含义，指出行政惠民是在行政过程中，对行政主体提出的一种关于思维模式和行为方式方面的要求。要求行政主体在实施行政行为的过程中，本着为民服务和对相对方给予生存照顾的理念，以积极的行政行为为相对方提供尽可能多的帮助与现实便利。强调行政惠民中的“惠”是在平等对待基础上，以尊重、宽容、理解为前提的给予服务与便利，划清“惠”与“恩赐”的界限；行政惠民的理念不仅体现在行政服务行为中，对行政管理行为仍然具有指导意义，寓管理于服务；行政惠民理念的核心要素包括行政主体的服务精神、公民参与、公平正义、帮助与便利、保障性。在上述论证的基础上，进一步阐述行政惠民理念中行政行为所呈现的特点：行政主体的服务性、行政过程的协商性与公民参与、行政主体的积极给付与有限干预、行政行为结果的授益性与损失补偿性。

第三章阐述行政惠民理念生成的条件，并对行政惠民理念的价值予以分析。笔者从四个方面论述了行政惠民理念生成的条件：市场经济体制为之准备了经济上的条件；政府机构改革为之准备了政治上的条件；公民权利意识的萌生为之提供了思想上的条件；构建和谐社会的目标及实践为之提供了绝佳的契机。在中国特定的时空背景下，行政惠民理念的价值体现在：为官民关系的和谐提供了新模式；为行政权优化提供了新路径；为行政法制度完善提供了新视角。

第四章围绕行政惠民理念中行政法制度完善问题展开论

述，以行政惠民理念对行政法制度的影响为切入点，探寻行政法相关制度完善的路径及方法，为行政惠民理念的实现寻找制度上的出路，以期对实践有所助益。具体内容包括：行政指导制度的完善侧重行政指导依据、行政指导的程序及行政指导的监督救济机制的建设；行政合同制度主要从行政合同的立法形式、强调合同订立过程中的公开性、合同的合意性以及行政优益权的限制等几个方面予以建设和完善；行政奖励制度的完善措施包括明确设立奖励的依据、奖励的程序，并强化授奖主体的监管责任，以保证奖励名实相符，避免误导公众而使之利益受损；行政调解制度的完善措施包括扩大调解范围、明确调解程序和赋予调解协议以法律效力三个方面；信息提供制度的完善措施包括保障公民参与权、提高行政主体提供信息的能力和强化监督机制三个方面。

结语部分，对本书的核心观点进行了概括性的说明，同时再次表明笔者的观点：对公民给予帮助和照顾是政府存在的理由；行政行为过程就是为相对方提供服务的过程；服务于民、给惠于民是行政主体责任中的永恒主题。在行政惠民的理念下，行政行为所体现出来的过程的协商性、目的的授益性和服务性等将更好地回应社会的需求，从而以行政惠民的理念及实现为基点，在行政法的框架内达致社会和谐。

# 目录 Contents


◆ 内容摘要 >>> …………………………………………… 1

◆ 导 论 >>> …………………………………………… 1

一、行政惠民理念的提出 …………………………………… 3

二、当代中国对行政法中行政惠民理念的研究现状…… 12

（一）关于行政法理念的争论 ………………………… 12

（二）关于行政惠民及相关议题的研究现状 ……… 14

三、本书的核心观点和论证逻辑…………………………… 19

第一章 >>> …………………………………………… 23

**行政惠民理念的理论依据**

一、行政法的平衡理论……………………………………… 26

（一）平衡理论概览 …………………………………… 27

（二）和谐社会背景下平衡理论的新发展
——行政惠民理念 …………………………………… 33

二、公共服务理论……………………………………………… 38

（一）公共服务理论的发展 ………………………………… 39

（二）公共服务理论确认政府“生存照顾”的
责任 ………………………………………………… 40

三、公民权理论………………………………………………… 44

（一）公民权利思想的再度勃兴 …………………………… 45

（二）公民权理论明确公民参与行政的正当性 …… 47

第二章 >>> …………………………………………… 51

**行政惠民的内涵解析**

一、行政惠民的语义详解…………………………………… 51

（一）行政惠民语词的基本含义 ………………………… 52

（二）行政惠民的语境 …………………………………… 57

（三）行政惠民的语脉 …………………………………… 62

二、行政惠民存在的场域…………………………………… 66

（一）行政惠民理念下行政行为的分类 ………………… 66

（二）行政管理行为中的惠民 …………………………… 71

（三）行政服务行为中的惠民 …………………………… 77

三、行政惠民理念的核心……………………………………… 82

（一）行政主体的服务精神 ………………………………… 83

（二）公民参与 ……………………………………………… 85

（三）公平正义 ……………………………………………… 86

（四）帮助与便利 …………………………………………… 88

（五）保障性 ………………………………………………… 89

四、惠民理念下行政行为的特点……………………………… 91

（一）行政主体的服务性 …………………………………… 91

（二）行政行为过程的协商性与公民参与 ………………… 94

（三）行政主体的积极给付与有限干预 …………………… 99

（四）行政行为结果的授益性与损失补偿性 …… 109

（五）行政的自我控制性 …………………………………… 112

第三章 >>> ………………………………………………… 116

**行政惠民理念的生成条件及价值分析**

一、行政惠民理念的生成条件 ……………………………… 116

（一）市场经济体制的建立为行政惠民理念的生成准备了经济条件 ………………………………… 117

（二）政府机构改革为行政惠民理念的生成准备了政治条件 …………………………………………… 119

（三）权利意识的萌生为行政惠民理念的生成准备了思想条件 ……………………………………… 124

（四）构建和谐社会的目标为行政惠民理念的生成提供了契机 …… 126
二、行政惠民理念的价值分析 …… 129
（一）行政惠民理念提供了和谐官民关系的新模式 …… 129
（二）行政惠民理念提供了行政权优化的新路径 …… 132
（三）行政惠民理念提供了完善行政法制度的新视角 …… 136

第四章 >>> …… 141
行政惠民理念中的行政法制度完善
一、行政指导制度的完善 …… 142
（一）行政指导的内涵 …… 143
（二）行政指导于践履行政惠民的优势 …… 147
（三）行政指导制度的建设 …… 149
二、行政合同制度的完善 …… 158
（一）行政合同的内涵 …… 159
（二）惠民理念下行政合同成为主要行政手段的客观必然性 …… 160
（三）行政合同的契约精神构成行政惠民的基本内核 …… 162
（四）行政合同制度的建设 …… 166

三、行政奖励制度的完善 …………………………………… 173
（一）行政奖励的内涵 …………………………………… 174
（二）行政奖励于践履行政惠民的优势 ………………… 175
（三）行政奖励制度的建设 ……………………………… 178
四、行政调解制度的完善 …………………………………… 183
（一）行政调解的内涵 …………………………………… 184
（二）行政调解于践履行政惠民的优势 ………………… 187
（三）行政调解制度的建设 ……………………………… 189
五、信息提供制度的完善 …………………………………… 193
（一）行政主体提供信息是惠民的一种方式 ……… 195
（二）行政主体提供信息的现状及不足 ………………… 198
（三）行政主体提供信息制度的建设 ………………… 200

结 语 >>> ……………………………………………………… 203

参考文献 >>> ………………………………………………… 207

# 导 论

在当下中国，行政法中的平衡论已经成为行政法研究所依托的基本理论。平衡论是20世纪80年代末、90年代初发轫于我国的关于行政法理论基础的一种新论点，它是在承袭中华传统文化的中庸、平和精神的基础上，应对中国转型期的现状而提出的“一种关于现代行政法应诉诸何种价值导向和制度选择的规范性理论”[1]。在平衡论者看来，行政法的平衡是指行政法中的行政权与相对方权利配置格局达到了结构性均衡。平衡即是兼顾，是利益之间的兼顾，是权力与权利之间的平衡。然而这种结构性均衡并非是一种静态不变的平衡，而是动态的平衡，是与社会发展保持一致的平衡。这也就决定了在不同的历史时期，权力与权利之间的平衡点并不完全相同，会发生位移。因而，能够恰切界定权力与权利的关系，并找到其间的平衡点

〔1〕 包万超：“行政法平衡理论比较研究”，载《中国法学》1999年第2期。

是构筑行政法律制度的基础。在我国构建和谐社会的背景下，国家所倡导的“民主法治、公平正义、诚信友爱、充满活力”等目标，要求营造一种氛围，行政主体必须要以公众的利益为行为的根本出发点，对公民的权利给予尊重、保障和促进，以积极作为的方式为公民提供服务和便利，而这正是“行政惠民理念”的核心内容。所以，在构建和谐社会中，更强调对公民权利的保障，更强调行政主体对行政相对方提供服务，并寓行政管理于政府提供服务的过程中，彻底改变行政主体的管理角色、管理思维、管理行为。尽管许多平衡论者认为：平衡，并不仅仅是一种结果上的平衡，不是由被假定为公正无私的立法者把自认为体现平衡的行政法律制度体系和盘托出，交给公众去遵守，而应当是将平衡体现在过程中。[1] 因为只有在过程中也体现平衡，才能让行政相对方参与到国家与社会事务的管理过程中来，积极行使公民权，表达意愿，在与行政主体良好沟通的情况下有良好的行为互动。但在平衡理论的现有涵义中却缺乏这方面的内容。正如平衡论者宋功德指出：问题在于，平衡论者除却要求立法者遵循平衡的理念去制造这种结果（平衡的结果，笔者加）之外，并未通过对于行政法的制度安排过程的深切关注与建构，来改变这种有可能换汤不换药的立法过程。[2] 所以，如何在“过程”中实现平衡是平衡论适应新时期社会需求的重要一环。

---

〔1〕 宋功德：《行政法的均衡之约》，北京大学出版社 2004 年版。
〔2〕 宋功德：《行政法的均衡之约》，北京大学出版社 2004 年版。

## 一、行政惠民理念的提出

“行政惠民”并非笔者独创，而是来源于最近几年我国在解决民生问题过程中的一系列政策及实践。近年来，在中共中央所发布的文件以及领导人的讲话中，都透露出当下中国政府“惠及民众”的基本目标。比如2004年3月中央人口资源环境工作座谈会上，中共中央总书记、国家主席胡锦涛强调：“坚持以人为本，就是要以实现人的全面发展为目标，从人民群众的根本利益出发谋发展、促发展，不断满足人民群众日益增长的物质文化需要，切实保障人民群众的经济、政治和文化权益，让发展的成果惠及全体人民”。此后，在2006年10月召开的中共十六届中央委员会六次会议中，做出《中共中央关于构建社会主义和谐社会若干重大问题的决定》。该决定指出：实现全面建设惠及十几亿人口的更高水平的小康社会的目标，努力形成全体人民各尽其能、各得其所而又和谐相处的局面。胡锦涛在2007年中央党校上的讲话又一次指出：“中国追求的发展是惠及全体民众和子孙后代的发展……”在2008年2月中央政治局第四次会议上，胡锦涛再次强调指出：“围绕逐步实现基本公共服务均等化的目标，创新公共服务体制，改进公共服务方式，加强公共服务设施建设，逐步形成惠及全民的基本公共服务体系。”鉴于此，笔者在行政法领域内研究惠民理念的生成及其实现路径，使用了行政惠民的提法。这是“行政惠民”这一语词的形式上的来源。“行政惠民”理念提出的理论基础则来源于对行政权力与相对方权利之间深层次关系的再认识。

行政权力与行政相对方权利之间的关系，是权力与权利关系在行政法领域内的集中展现，亦构成行政法中的一对核心矛盾，其他问题均围绕它展开。行政法制内容，主要围绕行政权与行政相对方权利的分配、界限，以及互相监督制约、激励促进而展开。行政主体与行政相对方各自对行政法上义务、责任的承担，也可归结决定于权力与权利的配置情况。[1] 行政权力与行政相对方权利既不能脱离传统权力与权利关系的基本模式，又因行政领域内的特殊运作规则而略有不同。在行政权力与国家权力尚未分离时期，单独讨论行政权力与相对方权利没有任何意义，但是当孟德斯鸠提出了“三权分立”的观点及该观点在各国实践以后，使得立法权、司法权、行政权从国家权力中独立出来并在各自的领域内以适合本领域的方式发挥着作用，从而使得单独探讨行政权力与行政相对方权利的关系问题具有一定的意义。传统的行政法理论中所包含的管理论、控权论及当下的平衡论分别从不同的视角解读了行政权力与相对方权利的关系：在管理论中，行政权力与相对方权利是管理与被管理的关系，行政权力是一种命令，而相对方权利相对于权力而言，根本就丧失了权利的本质——主体为或不为一定行为的自由——毋宁将其说成是对行政权力的一种义务，是对行政权力的一种无条件服从，管理论所对应的行政目的是一种秩序，一种统治阶级想要的或想维护的秩序，即在管理论中，权利是权

〔1〕 罗豪才、崔卓兰：“论行政权、行政相对方权利及相互关系”，载《中国法学》1998 年第 3 期。

力的管理对象，相对于主动而强势的权力而言，权利完全是被动而弱势的；在控权论中，行政权力在一定程度上丧失其绝对的优越性，成为在国家立法权和司法权控制下的一种权力，立法、行政、司法三足鼎立，相互制衡，不再是行政权一枝独大的局面。相反，行政权经常成为司法权审查的对象，与之相应，控权论对应的目的是控制行政权的行使，防止行政权侵扰相对方权利，从而达致对行政相对方权利予以保护的目的。在控权论中，权力与权利的关系表现为彼此独立、互不干涉，其所表现出来的主要特点在于保护相对方合法权益的进路是通过对行政主体权力的严格限制；在平衡论中，不再强调行政权力对权利的管理，也不再单纯地以控制权力的手段达到保护权利的目的，而是强调权力与权利之间的一种平衡，是在总体配置上的一种平衡，是在权力（利）需求与供给之间的平衡。但是这种平衡应当是“动态”的“结构性均衡”，不是一种简单的平衡，不能理解为直接的权利义务平等或者对等，而且笔者以为，如果将平衡解读为权力与权利的这种简单的平衡并不能真实再现当下权力与权利之间的关系，更不能满足构建和谐社会目标的要求。当下的平衡应当理解为平衡前提下的权力对权利的尊重、保护和增进，即行政权力服务于权利，行政主体帮助和照顾相对方。因为现代行政权，作为国家主权的构成部分，其对相对方权利的支配作用是毋庸置疑的，行政权的地位和特点也决定了它能够直接影响公民个人的权利和义务，使之享有利益或承受负担，国家也正是多半通过行政权力得以影响公民个人的利益与负担，行政权的这种能动性与支配性的特点使行政权力的行使具有双重作用：一方面，行政权力能够维持社会秩序、保护相对方权利并能够运用各种途径和手段提供公共服务以增进公共利益和福利，这种积极作用是当下社会不可或缺的，从这个层面上讲，行政权力不可以削减和忽视；另一方面，行政权力的扩张本性也会导致它的滥用，尤其是行政权力的行使主体——人——有着难以克服的人类共通之弱点。〔1〕行政权力的行使者都是普通人，而行政权力作用空间的客观情况却是错综复杂，要保障行政权力运作过程中持续发挥积极作用而达致行政目的，首先要求行政权力的行使者具有渊博的专业知识用以正确理解和运用相关的规范性文件，还要有缜密的思维能力、敏锐的观察能力用以正确识别客观真相，更重要的是要求行政权力的行使者要品性优良，无私心杂念因而能够在任何情况下公正执法。上述有任何一个环节出现问题都会使行政权力的积极作用大打折扣，所以说行政权力行使的失误或权力的故意滥用在实践中都在所难免。从这个层面上讲，行政控权和监督不可或缺。权利是行政权力的本源和前提，行政权力来自于权利，那么以法律确认相对方的权利并以包括行政手段在内的所有可

---

〔1〕关于人性特点及弱点的争论源于“人性的善恶”这一古老命题。但是即使“人性善”与“人性恶”的观点截然对立，多数学者通常还是认可人性的善恶兼具，不过在不同时期所体现的善恶面不同而已。正如杨敬年教授所论证的，就中国的情况而言，即使是主张人性“善”的孟子，也清醒地认识到人性有“恶”的一面；即使是力倡人性“恶”的荀子，也并不讳言人性的“善”的表现。但是基于人的生存本能和社会资源的稀缺性，造就了人的逐利特点，然如果对此控制不慎，可能就会转化为人性的弱点。参见杨敬年：《人性谈》，南开大学出版社 1998 年版，第 82～84、95～96 页。

能方式保障权利的实现就是一种必然，而且随着社会文明程度的加深和法治进程的加快，对权利的规定会更加细化，对权利的保障也会更加周全，甚至可以说，对权利的保护和为相对方提供服务是行政权力存在的唯一理由和目的。德国著名行政法学家福斯多夫则指出，行政行为的实质是对个人给予“生存照顾”，行政应该提供照顾国民生存之服务。[1] 另一名德国行政法学家巴杜拉对福斯多夫的理论进行解释、分析和概括后指出，生存照顾的概念已扩张至所有直接由行政提供给个人利益之服务，使行政能够符合社会法治国家原则而满足民生所需。[2] 现代“行政法使行政与个人或团体产生了一种‘指导与服务性’的法律关系，来保障个人的福祉。依社会法治国的理念，行政必须提供满足个人生活所需的‘引导’及‘服务’行为”[3]。至此，行政权力服务于权利、行政主体为相对方提供帮助和照顾的观念已经被广泛接受和认可。当然，同样不可否认的是，行政相对方在行使权利的过程中与其他平等主体也可能会存在冲突，因为作为理性经济人的个体在行使自己权利的时候可能会在追求自身利益最大化的过程中危及公共利益或他人合法权益，这种情况对于处在平等地位的权利自身是无法解决的，此

〔1〕 陈新民：“‘服务行政’及‘生存照顾’概念的原始面貌——谈福斯多夫的‘当作服务主体的行政’”，转引自陈新民：《公法学札记》，中国政法大学出版社2001年版，第52页。

〔2〕 巴杜拉：“在自由法治国与社会法治国中的行政法”，转引自陈新民：《公法学札记》，中国政法大学出版社2001年版，第105页。

〔3〕 巴杜拉：“在自由法治国与社会法治国中的行政法”，转引自陈新民：《公法学札记》，中国政法大学出版社2001年版，第93页。

时需要包括行政权力在内的公权力予以协调解决，甚至采取包括法律范围内的强制性手段去恢复社会秩序，以维持社会和谐，并最终为相对方权利提供一种平等保护。这种情形虽然从表面上看是行政主体在行使管理权力来维续社会秩序，但是在权力解决权利冲突的过程中也达致了保护和促进权利的目的。由此可见，即使单纯就行政主体的管理行为而言，我们也同样不能否认行政权力服务权利、行政主体给惠相对方的观念之指导性意义。

由上述可知，行政权力与行政相对方权利均具有两面性，任何一种权力（利）得不到有效约束，均会导致滥用而增加不和谐因素，只是行政权与行政相对方权力（利）滥用的程度可能不同，权力（利）滥用所导致后果的严重性不同，但是就权力（利）滥用引发的公共利益受损害或者是合法私益被侵犯的结果却是相同的。关于对行政相对方权利的规范，罗布森在他的《正义与行政法》一书中有较为充分的论述，核心观点在于“为了整个共同体的健康与福利，有必要渐次限制个体的权利”[1]。所以，即便是在行政主体帮助和照顾相对方、行政权力服务于相对方权利的观念下，二者之间仍然应当保持一定的张力，保持权力与权利之间“动态”的“结构性平衡”仍旧是一个不变的前提。行政权与行政相对方权利之关系，是行政法所要调整的基本关系，正确定位行政权与行政相对方权利也是

〔1〕 W. Robson, *Justice and Administrative Law: A Study of the British Constitution*, Greenwood Press, 1951, p. 32.

构建和谐社会不可缺少的重要一环。行政主体与行政相对方之间的和谐，即“官民和谐”是和谐社会的主要指标。胡锦涛同志曾在中共中央党校的专题研讨班上对“和谐社会”的内涵予以概括性描述：“实现社会和谐，建设美好社会，始终是人类孜孜以求的一个社会理想，也是包括中国共产党在内的马克思主义政党不懈追求的一个社会理想。根据马克思主义基本原理和我国社会主义建设的实践经验，根据新世纪、新阶段我国经济社会发展的新要求和我国社会出现的新趋势、新特点，我们所要建设的社会主义和谐社会，应该是民主法治、公平正义、诚信友爱、充满活力、安定有序、人与自然和谐相处的社会。”〔1〕可以说，这段讲话中概括了和谐社会的核心要素，而平衡行政权与行政相对方权利、和谐行政主体和行政相对方的关系是实现和谐社会目标的前提和保障。

第一，正确定位行政权与行政相对方权利的关系，是实现民主法治、公平正义的保障。实现民主法治最重要的环节是对权力滥用的限制。毫无疑问，一直以来，民主是我们孜孜以求的目标，而民主与法治又是紧密联系在一起的，“不论在什么地方，只要民主制度不再受法治传统的约束，那么它们就不仅会导向全权性民主（totalitarian democracy），而且有朝一日还会导向一种平民表决的独裁（plebiscitary dictatorship）”〔2〕。由此可

〔1〕 2005年2月19日胡锦涛在中共中央举办的省部级主要领导干部专题研讨班开班式上的讲话。

〔2〕［英］弗里德利希·冯·哈耶克：《法律、立法与自由》（第2、3卷），邓正来等译，中国大百科全书出版社2000年版，第272页。

见，实现民主目标首先要有法治保障，要有善法对权力的善治，要有善法界定权力与权利之间的界限，只有这样才能保证权力与权利在应有的领域发挥应有的作用，保证具有扩张本性的权力不致侵扰权利，反之也是成立的。恰当定位了权力与权利的关系及界限，保证权力依法之治，保证权利依法行使，才能实现真正的民主。公平正义亦是我们的基本诉求，通常情况下，法律能够保障社会主流观念中或者普遍意义上的公平正义，营造一种公正的氛围或者提供一套实现公正的依据，然“徒法不足以自行”，只有行政权力得到规范、恰当行使，才能实现法律规定的普遍公平正义，并且能够修正普遍公平正义中的个案不公平和非正义，因为行政权力的行使是一种执法行为，执法行为一方面能够实现法的内容，另一方面也能够直接影响相对方的权利义务，相对方对立法是否公正、政府是否诚信的认知均来自于行政机关的执法行为，所以在行政机关的执法行为中，正确界定行政主体的服务地位并保证公正执法，对于和谐行政主体与相对方之间的关系具有重要的意义，而和谐的行政主体与相对方之间的关系是实现民主法制的保障。

第二，正确定位行政权力与行政相对方权利的关系对保障社会诚信友爱、充满活力、安定有序具有不可替代的作用。社会的诚信友爱是一种良好的社会风气，而社会风气的形成并非一朝一夕之事，要求官民共同努力，首先是行政主体在处理与相对方的关系和履行职责时，作为相对方信赖利益的义务主体，要言而有信，这也是对权力行使者的一种要求。此外，作为相对方，在依法行使权利的过程中，也应当诚实守信。也就是说，无论是行政主体还是相对方，要做到诚信都必须要克服权力（利）的负面影响，而抑制权力（利）负作用的最佳路径之一即是权力与权利之间保持适当的张力，确当定位二者的关系及作用范围，达到权力与权利之间的一种动态平衡。对权力进行有效限制，是在维续社会秩序的同时，权利得以被尊重和保障的前提条件。就型构这样一种社会秩序来说，政府在保护所有的人并使他们免受其他人的强制和暴力的方面实是不可或缺的。[1] 所以，权力是权利的保障手段，权力在保障权利的过程中也同时维续了一种被公众所肯认的社会秩序。当然，权力在维续社会秩序和保障权利的过程中，也不能单纯依靠强制力，要擅用非强制性手段，给相对方权利以一定的空间，以相对方的参与为前提，以双方协商为主要行政方式，达到行政主体与相对方的良性互动，从而保证整个社会充满活力。

综上，确当定位行政权与相对方权利的关系及各自的作用范围，是协调二者关系的关键，在和谐社会的背景下，明确了行政主体负有保障和促进相对方权利之义务、明确了权力对权利的保障责任、明确了行政主体对行政相对方的给惠义务，即行政主体保障相对方权利实现的义务，明确了权力来自于权利并服务于权利的客观事实，那么自然会引出这样一个问题：行政主体为相对方提供服务是构建和谐社会对行政法的内在要求，自然也是对平衡论这个行政法理论基础的内在要求，而这就是

〔1〕［英］弗里德利希·冯·哈耶克：《法律、立法与自由》（第2、3卷），邓正来等译，中国大百科全书出版社2000年版，第457页。

行政惠民理念所倡导的核心内容。

## 二、当代中国对行政法中行政惠民理念的研究现状

当代中国对行政法理念的研究一直是和行政法理论基础的研究同时进行的，不同的时代背景下产生不同的行政法基本理论，也就有了不同的行政法理念，但是理念并不能等同于基本理论，后者的范围要大一些，涉及的问题更宏观。当下，对于行政法理念的研究和关于以行政惠民内涵为核心的议题或者与此相关的议题，在学界（不限于法学界）中并不乏著述，现有的研究所关注的问题主要包括以下几个方面：

### （一）关于行政法理念的争论

关于行政法的理念，最初是和行政法的基本理论混同一起研究的，这样，行政法的三种主要理论基础——管理论、控权论、平衡论——就分别对应三种不同的理念——管理理念、控权理念和平衡理念〔1〕。随着近年来对行政法理念的深入研究，逐渐把理念与行政法的理论基础相区分而形成了如下几种观点：

#### 1. 行政法的合作理念

认为行政合作是行政机关与公民、法人或者其他组织之间

〔1〕 例如王宝明在“多层面探讨行政法的基本理念”一文中指出，“在对中国行政法学基本理念的研究中，平衡论的理论较其他理论在学界得到了更多的认同。”显见，作者认为行政法学基本理念等同于基本理论。参见王宝明：“从多层面探讨行政法的基本理念”，载《中外法学》1996 年第 5 期。此外，还有一些学者将行政法的理论基础等同于行政法的理念，参见王振宇：“行政法的核心理念与制度变迁”，载《吉林大学社会科学学报》1995 年第 5 期；余蓝、殷茵：“试论行政法理念的重塑”，载《云南行政学院学报》2001 年第 5 期。

共同行动的实践理性活动，包括行政立法中的行政合作、行政决策中的行政合作和行政执法中的行政合作，行政合作应当渗透在行政活动的各个领域和环节。行政合作是一种新的行政法理念和模式。[1]

2. 行政法的平等理念

认为“平等观念是行政法的新境界”，主张行政主体与相对方之间的平等和行政主体平等对待相对方，平等应当成为行政法的基本理念，贯穿于行政法的各个领域。这种平等“具体体现为行政主体与行政相对人在人格、地位、法律适用以及权利义务分配方面的平等”。[2]

3. 行政法的服务与保权理念

认为在市场经济体制下，行政法的观念更新乃大势所趋。该理念的主要观点包括：“从以管理为目的到以服务为宗旨”、“从注重权利行使到注重权利保障”、“从依靠命令到依靠协商”、“从强调实体法到强调程序法”。[3] 这种观点是我国较早提出并倡导行政法的服务观念，虽然当时没有明确指出并强调将服务作为行政法的基本理念，但是从行政法观念重构的整体内容来看，该观点强调了行政主体的服务性和行政主体对相对

〔1〕 贺乐民、高全：“论行政法的合作理念”，载《法律科学》2008 年第 4 期。

〔2〕 参见张春莉、杨解君：“论行政法的平等理念——概念与观念”，载《文史哲》2005 年第 5 期；杨解君：“行政法平等理念之塑造”，载《法学》2004 年第 7 期。

〔3〕 崔卓兰：“行政法观念更新试论”，载《吉林大学社会科学学报》1995 年第 5 期。

方权利的保障性。

4. 行政法的平等协作理念

认为行政主体与相对方应当在法治的框架内，以平等为基础，互相尊重、充分交流并积极合作而共同完成行政行为，推动公共治理事业。[1]

5. 行政法的契约理念

该理念系杨解君教授所主张，认为在市场经济条件下，契约精神所具有的平等协商性是行政民主化的最佳路径。行政法中确立契约理念，在行政关系的调整上借助契约精神，在行政管理中应用契约手段。[2] 在2002年到2006年间，杨解君教授发表了多篇文章表达其契约理念作为行政法理念的思想。[3]

（二）关于行政惠民及相关议题的研究现状

1. 内含惠民思想的平衡论的研究

平衡论是对行政法的基本理论重构得出的研究成果，其核心观点认为行政法的基本理论已经从管理论、控权论发展为今

〔1〕 参见王丛峰："行政法之平等协作理念的确立缘由探析"，载《中南财经政法大学研究生学报》2008年第1期。

〔2〕 杨解君："契约理念引入行政法的背景分析——基础与条件"，载《法制与社会发展》2003年第3期。

〔3〕 参见杨解君系列论文："论行政法理念的塑造——契约理念与权利理念的整合"，载《法学评论》2003年第1期；"契约理念引入行政法的背景分析——基础与条件"，载《法制与社会发展》2003年第3期；"契约文化的变迁及其启示（上）——契约理念在公法中的确立"，载《法学评论》2004年第6期；"契约文化的变迁及其启示（下）——契约理念在公法中的确立"，载《法学评论》2005年第1期；"行政法的义务、责任之理念与制度创新——契约理念的融入"，载《法商研究》2006年第3期。

天的平衡论，平衡论者主张提升行政相对方的地位，主张行政主体与行政相对方之间权力（利）的均衡，内含民主观念和重视相对方权利的思想。当下，平衡论在国内异军突起并取得了多数学者的认同和追随。[1]

2. 关于服务行政与服务型政府的研究

关于建立服务型政府的论述，多数是从行政学的角度展开的，核心议题包括为什么建设服务型政府以及构建服务型政府的模式与方案设计。但是这种研究角度本身就决定了其阐述的服务型政府依旧是为了更好地执行政府管理社会的职责，依旧没有跳出行政管理的圈子。而且与法律制度的建设无关。而从法学角度对服务行政的研究尚处于起步阶段，但是也取得了一

〔1〕 关于平衡论的主要研究成果有：罗豪才、袁曙宏、李文栋："现代行政法的理论基础——论行政机关与相对一方的权利义务平衡"，载《中国法学》1993 年第 1 期；罗豪才、沈岿："平衡论：对现代行政法的一种本质思考——再谈现代行政法的理论基础"，载《中外法学》1996 年第 4 期；罗豪才、甘文："行政法的'平衡'及'平衡论'范畴"，载《中国法学》1996 年第 4 期；罗豪才主编：《现代行政法的平衡理论》（第 1 辑），北京大学出版社 1997 年版；包万超："行政法平衡理论比较研究"，载《中国法学》1999 第 2 期；罗豪才、宋功德："现代行政法学与制约、激励机制"，载《中国法学》2000 年第 3 期；罗豪才、宋功德："行政法的失衡与平衡"，载《中国法学》2001 年第 2 期；罗豪才、沈岿：《平衡论：一种行政法的认知模式》，北京大学出版社 1999 年版；罗豪才："行政法的核心与理论模式"，载《法学》2002 年第 8 期；罗豪才主编：《现代行政法的平衡理论》（第 2 辑），北京大学出版社 2003 年版；宋功德：《行政法的均衡之约》，北京大学出版社 2004 年版。

定的成果。[1] 目前，关于服务行政的问题，就服务行政中所包括的行政指导、行政给付、行政合同等在内的多项制度在学界都有研究，但多数研究都限于就某一项制度本身进行探讨。

3. 关于非强制性行政行为的研究

关于此论题的研究为行政权力的行使方式提供了一种新的路径，非强制性行政行为的运用为行政相对方的权利和尊严保留了必要的空间，从而成为行政惠民理念实现的主要手段，为行政惠民理念的研究奠定了一定的基础。

4. 关于行政权力自我规制的研究

对于行政权力，素来不乏相应的监督与制约机制，然对行政权力的任何一种外部监督都因其无法深入权力行使的内部以及行政主体独有的不容其他机关和个人干预的“自由裁量权”的存在致使监督的效果大打折扣。正如马萧在《官僚的正义》中所提到的：“不论是司法上创设的还是法律上规定的，行政法都包含许多机制，用以保护被认为对有效行政非常重要的行政部门的自由裁量权。”[2] 所以，对行政主体的职权行为最有效

---

〔1〕 关于法学领域内的服务行政问题研究所取得的成果主要有：杨海坤、关保英：《行政法服务论的逻辑结构》，中国政法大学出版社 2002 年版；莫于川、郭庆珠：“论现代服务行政与服务行政法——以我国服务行政法律体系建构为重点”，载《法学杂志》2007 年第 2 期；胡敏洁：“给付行政与行政组织法的变革——立足于行政任务多元化的观察”，载《浙江学刊》2007 年第 2 期；高秦伟：“政府福利、新财产权与行政法的保护”，载《浙江学刊》2007 年第 6 期；胡敏洁：“一种双重面向的权利——论福利权的法律性质”，载《河北法学》2007 年第 10 期。

〔2〕 ［美］马萧：《官僚的正义》，何伟文、毕竞悦译，北京大学出版社 2005 年版，第 13 页。

的制约方式之一还应当包括一种“行政自觉”，即“行政自制”[1]。行政自制是指行政主体自发地约束其所实施的行政行为，使其行政权在合法合理的范围内运行的一种自主行为，简单说，就是行政主体对自身违法或不当行为的自我控制，包括自我预防、自我发现、自我遏止、自我纠错等一系列下设机制，借助行政权力的自觉或者自省从内部对行政权力，尤其是对行政主体的裁量权予以有效规制，从而把行政权力限制在合理的范围内，既保证不侵扰私权，又能够实现惠民的行政目标。

综上所述，与行政惠民理念相关的现有研究取得了一定的成果，但是仍然存在不足，尤其是法学领域内的研究在广度和深度方面还非常有限，这种缺失主要表现在以下几个方面：

第一，关于行政法理念的研究成果有矫枉过正之嫌。如前所述，行政法的理念虽然尚未达成共识，存在着平等理念、合作理念、契约理念等。但是除了服务与保权理念外，其他各种观点尽管表述不尽一致，核心思想基本相同，可以将之概括为平等合作理念。笔者认为，不能否认平等合作理念相对于管理、控制理念的优越性，但是行政法系公法，无论是其调整对象还是调整手段与私法均存在差异，平等与合作虽确系当代民主行政所追求的目标，但却不能涵盖行政法中的所有内容，也不能

[1] 关于行政自制理论是崔卓兰教授提出的新的行政法的理论问题，代表性论文可参见崔卓兰、卢护锋：“行政自制之途径探寻”，载《吉林大学社会科学学报》2008年第1期；崔卓兰、刘福元：“行政自制——探索行政法理论视野之拓展”，载《法制与社会发展》2008年第3期；崔卓兰、卢护锋：“行政自制之生成与构建探讨”，载《社会科学战线》2009年第1期；崔卓兰、刘福元：“行政自制理念的实践机制：行政内部分权”，载《法商研究》2009年第3期；等等。

突出行政法的特点。民主再发达，也不可能把作为公法的行政法之理念与私法理念等同，行政法的理念还是应当体现自身的特性。独树一帜的服务和保权理念意识到了行政法不同于私法的特性，但是美中不足的是在论述的过程中把服务只当做是行政的目的，是关于行政目的观念的革新。

第二，综观现有的行政法律关系中当事人法律地位的研究成果，平衡论提升了行政相对方的法律地位，将之视为独立的主体，但尚未把行政相对方的地位提至应有的高度，这对于相对方权利的保护非常不利。只有强调行政相对方在行政法律关系中的核心地位，即对这一实践中处于弱势地位的行政相对方提供一种略有倾斜的法律保护才能使得对相对方权利保护具有现实性，才能实现行政主体权力与相对方权利之间的结构性均衡。

第三，政法领域内服务行政研究的缺失。在行政学领域内，关于服务型政府的建构有一定的研究成果，但是在法学领域内，一直在强调依法治国和依法行政，都强调的仅仅是一种秩序，强调的是对行政权力的约束和行政权力的行使程序，对如何保护相对方的权利、如何为其提供应有的服务和便利等问题均缺乏系统性的研究。同时也没有从行政相对方的角度出发或者以相对方的权利需求和保障为视角来研究相关问题或者设计相关制度，现行行政权力行使领域内出现的公权侵扰私权状况不是因为无法可依，而大多是行政主体在依法行政的过程中，由于对“法”的刻板理解和消极执行，以及执法人员的“管理”观念而导致对相对方权利关照不周的状况。也就是说，导致这种状况的关键在于行政主体在实施行政行为中的观念和意识没有及时回应社会的需求，没有认识到行政权力服务于行政相对方权利的必要性。在行政法领域内关于行政权力服务于相对方权利的著述亦比较鲜见。

第四，关于服务行政系统研究的缺失。如前所述，在行政法领域内，有相当一部分关于服务行政手段中所包含的行政指导、行政给付等单项制度的研究成果，但是缺乏系统研究和抽象概括，更没有把“给惠于民”、“服务于民”作为一种行政理念展开研究。

所以，本书试图在现有行政学和法学研究成果的基础上，对当代行政法的新理念——行政惠民——加以系统研究，阐述行政惠民理念生成的理论依据和现实条件，解决惠民理念何以成为行政法的新理念以及在实践中如何实现惠民理念的问题，以期使行政法更具有回应性。

## 三、本书的核心观点和论证逻辑

本书所试图阐明的核心观点是：行政惠民理念是行政法平衡理论在和谐社会背景下的新发展。行政法理念是伴随着行政法基本理论的发展，并与不同时代背景下的社会需求相匹配而不断演进的。当下，作为行政法基本理论的平衡论提升了行政相对方的地位。在平衡论的框架内，在构建和谐社会的背景下，行政惠民已然成为行政法的新理念。行政惠民理念下的行政法制度安排、行政目的和行政模式等一系列问题发生了变迁：行政相对方成为行政法制度的核心、行政目的由秩序行政转向了服务行政、行政模式由消极行政转向积极行政、行政手段由以强制性手段为主转而强调非强制性手段的运用。行政惠民理念的实现路径包括行政指导、行政合同、行政奖励、行政调解等非强制行政手段。

本书的写作存在两方面前提：一方面，在中国构建和谐社会的特定时空背景下，市场经济本身要求充分的民主和自由竞争的环境。而且，在市场经济条件下，民众需求越发呈现个性化和多元性的特点，对政府的公共服务职能提出了更高的要求。因此，行政权力与权利关系问题的恰切界定是当前社会和谐发展的迫切需要。当前这二者关系不和谐的根源来自两个相关的方面：一是行政机关“官本位”思想的残存和“居上管理”意识；二是行政相对方权利未得到应有的重视。另一方面，现有研究成果的特点是：在行政管理学领域，对服务型政府有较多的论述，在法学领域，对行政相对人权利有一定的研究，但是关于行政主体对于行政相对方权利实现过程中所应当承担的责任方面之研究阙如。

本书在上述前提问题的基础上，以“权力与权利之间的关系之演进”为切入点，提出“行政惠民理念”，围绕“什么是行政惠民的理念”、“为什么行政惠民能够成为行政法的新理念”、“如何实现行政惠民理念”等问题而展开论述。基于此，本书的论述框架如下：导论部分论述了三个问题，一是行政法中的新理念——行政惠民理念的提出；二是交待了当下学界对行政惠民这一论题的研究现状及存在的不足；三是介绍本书的核心观点和论述框架；第一章阐述行政惠民理念的理论依据，以行政法基本理论——平衡论为依托，以德国行政法学家福斯多夫提出的“生存照顾”的服务行政理论为原点，汲取新公共服务理论中行政主体之服务精神和公民权理论中公民参与行政之必要性的理论内核，以政府的“生存照顾”责任与公民的参与权作为行政惠民理念的两个支点，逐步阐释“行政惠民理念”的理论渊源。论证行政惠民理念赖以存在的理论依据，从而为行政惠民理念生成的合理性与正当性提供理论上的支撑。第二章着重分析行政惠民理念的内涵。运用语义分析方法解读行政惠民理念的基本含义，在此基础上，进一步阐述行政惠民理念中行政行为所呈现的特点。第三章阐述行政惠民理念生成的条件，并对行政惠民理念的价值予以分析。笔者从四个方面论述了行政惠民理念生成的条件：市场经济体制为之准备了经济上的条件；政府机构改革为之准备了政治上的条件；公民权利意识的萌生为之提供了思想上的条件；构建和谐社会的目标及实践为之提供了绝佳的契机。在中国的特定时空背景下，行政惠民理念的价值体现在：为官民关系的和谐提供了新模式；为行政权优化提供了新路径；为行政法制度完善提供了新视角。第四章围绕行政惠民理念中行政法制度完善问题展开论述，以行政惠民理念对行政行为制度的影响为切入点探寻行政法相关制度完善的路径及方法，即为行政惠民理念的实现寻找制度上的出路，以期对实践有所助益。具体内容包括：行政指导制度的完善侧重行政指导依据、行政指导的程序及行政指导的监督救济机制的建设；行政合同制度主要从行政合同的立法形式、合同订立过程中的公开性、合同的合意性以及行政优益权的限制等几个方面予以建设和完善；行政奖励制度的完善措施包括明确设立奖励的依据、奖励的程序，并强化授奖主体的监管责任，以保证奖励名实相符，避免误导公众而使之利益受损；行政调解制度的完善措施包括扩大调解范围、明确调解程序和赋予调解协议以法律效力三个方面；信息提供制度的完善措施包括保障公民参与权、提高行政主体提供信息的能力和强化监督机制三个方面。

最后是结语，对本书的核心观点进行了概括性的说明，同时再次表明笔者的观点：对公民给予帮助和照顾是政府存在的理由；服务于民、给惠于民是行政主体责任中的永恒主题。

# 第一章
# 行政惠民理念的理论依据

理念表征一种观念或信念，它是一个内涵深邃、外延宽泛的概念。罗尔斯曾对该词作过明确的界定：“理念”（ideas）被作为一种普遍性的术语来加以使用，它可以根据上下文而指概念、观念或学说等词的任何一个；用“学说”（doctrines）这一术语来表示各种完备性的观点；用“观念”（conceptions）这一术语来表示一种政治观念及其组成部分；“概念”（concepts）只是一个术语的意义。[1] 本书中的理念是在观念的层面来使用的。特定的理念总是与特定的历史文化背景相连并回应社会需求。20 世纪 70 年代以来，经济自由主义与国家干预主义在经过长期的斗争之后达成了某种妥协，人类在经历了“市场失灵”和“政府失灵”后，开始转而寻求第三条路线，集中体现为经济自

〔1〕［美］约翰·罗尔斯：《政治自由主义》，万俊人译，译林出版社 2000 年版，第 23 页。

由主义和国家干预主义逐渐融合与趋同的倾向，二者均对传统观点做了应对现实的修正。正如新古典综合学派的代表萨缪尔森所说："为回答市场机制的缺陷，各国都采用政府的看得见的手，以与市场的看不见的手并行"，以适应"保持公私两个方面的主动性和控制权的混合经济"之需要。[1] 由此，在经济社会生活领域，对政府和行政提出了更高的要求：削减职能、保持适度介入、提供服务。与此同时，由于民主化进程加快，公民的参与意识增强，致使行政权和行政过程发生了一系列变化。首先，行政权的强制性明显弱化，行政主体在行使权力的过程中，不再单纯采用命令—服从的强制性手段，而是采取诸如行政指导、行政合同、行政奖励等非强制性方式，以激励相对方的积极性。正如罗豪才教授所言：现代民主政治的理论与实践，决定了现代公共行政演变与发展的主要逻辑特征是弱化强制性行政，强制性行政渐次收缩，非强制性行政有序扩张。[2] 其次，行政过程更加强调协商性。在行政过程中，不再单纯是行政主体的单方面行为，而是更加注重相对方的参与，使行政过程具有了互动性。最后，行政目的发生转向，不再单纯强调秩序或者控权，而是要在行政主体与相对方及其权力（利）之间达致一种均衡，强调行政主体的服务性和对相对方权利的保护，因为这是政府的职责所在。政府的全部职责就在于使人们

---

〔1〕［美］萨缪尔森：《经济学》，高鸿业译，商务印书馆 1982 年版，第 6、331 页。

〔2〕 罗豪才、宋功德："现代行政法学与制约、激励机制"，载《中国法学》2000 年第 3 期。

获得更大的安全与幸福。这也是国家权力存在的理由，国家权力存在的合理性与正当性就在于为人民谋幸福。“公民之所以听从法律、公共意志和最高权力，只是希望这样做比按他们个人的企图和幻想去做能够使他们更可靠地获得长久的幸福。”[1]

在我国，行政法领域内的平衡理论提升了行政相对方的地位，对相对方的权利给予充分的尊重和切实的保护，并强调淡化强制性行政手段；世界范围内的公共行政改革在全球化背景下对我国行政法理念及制度均产生了深远的影响。在公共行政与公共管理领域内异军突起的新公共服务理论和公民权理论也成为行政惠民理念生成的智识源泉并构成了行政惠民理念的理论基础。公共服务理论确认了行政主体对于相对方提供服务和给予照顾的观念，为行政主体给惠于民的行为提供了正当性依据，即此为行政主体职责之所在；公民权理论的再度兴起也为公民权利外延的扩大提供了理论支撑，即公民权由一种资格的享有到政治参与权，再到行政参与权。公民权理论在某种意义上讲是起矫正作用的，从另一个角度看则为行政惠民理念提供了理论基础，即强调公民的权利在于对行政过程的参与，保证

〔1〕［法］霍尔巴赫：《自然政治论》，陈太先、眭茂译，商务印书馆 1994 年版，第 41 页。

行政主体的惠民行为之双方互动性，从而避免走“福利国家”[1] 的老路。所以，笔者认为，行政惠民理念的生成存在三个层次的理论依据：首先，行政法的平衡理论将行政相对方的权利纳入人们的视野，从此，行政主体的权力不再是行政法关注的唯一对象，从而使相对方权利获得尊重和保护；其次，公共服务理论证成了行政主体对于公民所具有的提供服务和给予照顾的责任；最后，公民权理论为公民参与行政，从而使得行政行为过程成为一种双方互动的过程提供了正当性依据。

## 一、行政法的平衡理论

现代行政法理论基础的变迁与更迭导致行政法理念的重塑。在管理论作为行政法的理论基础之时，权力行政构成了行政法的核心理念与灵魂，行政主体扮演管理者的角色，运用公权力安排国家和社会事务。在控权论作为行政法理论基础之时，权利行政构成了行政法的核心理念与灵魂。整个行政法就是围绕如何控制行政权力与保护公民权利而设，行政主体成为被限制

〔1〕 福利国家的概念及实践源于20世纪初的欧洲。托马斯·潘恩在他的《人权论》中指出，福利国家的出现可以追溯到1911年《国家保险法》。从那刻起，政府扩大行政权的范围，国家承担大量的社会经济职能，为人民提供福利，在一定程度上缓解了经济危机对社会的冲击，但是随着国家权力的扩张，越来越多的人担心在福利国家的名义下，国家权力会侵犯公民权利和自由。哈耶克基于对自由的珍视而极力反对福利国家，他在谈到福利国家对个人自由可能构成的威胁与侵犯时说：“福利国家便成了一个家庭式国家，在这种国家中，家长控制着社会的大多数收入……”在福利国家理念中，国家以管理的方式实现对人民福利的保障，存在国家权力无从控制的巨大危险。

对象，公民则成为被保护对象，只有法律是主动的，法律中的主体都是消极被动的。直到20世纪80年代，在我国改革开放和社会转型初期，罗豪才教授明确提出“以平衡论来重构中国行政法的理论基础”[1]，至今平衡论作为行政法的基本理论已被行政法学界多数人认可。其所主张的以行政权与相对方权利关系为视角重构行政法的理论体系、强调非强制性行政手段的运用、激励行政主体积极行政和相对方积极参与行政的观点均为行政惠民理念的生成提供了理论渊源及依据。

（一）平衡理论概览

行政法平衡论以“法律面前人人平等”的基本法律原则作为理论的出发点，否认“主体地位不平等是行政法的本质特征”，认为行政主体与相对方的法律地位是平等的，在现代法治社会中无论是行政机关还是行政相对方均应遵守现行法律并受到法律约束，所以行政法对于行政主体和行政相对方关系这一核心问题的解读即为二者处于一种平衡状态。正如平衡论者所言：我们认为，主体地位平等是现代行政法治的重要标志，就我国当前转型的社会形态而言，首先要逐步提升相对方的法律地位，使其成为独立的主体。[2]

行政法平衡理论的基本含义是：在行政机关与相对一方权

〔1〕 罗豪才教授于1993年在《现代行政法的理论基础——论行政相对一方的权利义务平衡》一文中首次提出“以平衡论重构中国行政法的理论基础”。参见罗豪才、袁曙宏、李文栋：“现代行政法的理论基础——论行政相对一方的权利义务平衡”，载《中国法学》1993年第1期。

〔2〕 罗豪才：“行政法的核心与理论模式”，载《法学》2002年第8期。

利义务的关系中，权利义务在总体上应当是平衡的。它既表现为行政机关与相对一方权利的平衡，也表现为行政机关与相对一方义务的平衡；既表现为行政机关自身权利义务的平衡，也表现为相对一方自身权利义务的平衡。平衡论也可以称为“兼顾论”，即兼顾国家利益、公共利益与个人利益的一致。不论哪一方侵犯了另一方的合法权益，都应予以纠正。〔1〕平衡论最核心的观点是，现代行政法的目的、功能以及整个制度设置应该是能够平衡行政权与公民权以及相应的公共利益与个人利益等社会多元利益。从而将对于行政相对方的权益考量提到行政法的目的及整个制度设置之中，行政主体的权力不再是行政法制度中的唯一核心。

概括地说，行政法平衡论包括两方面的内涵：一是立法上权利义务的公平配置；二是以利益平衡方法贯穿于整个行政法的解释与适用过程。〔2〕也就是说，无论是在立法层面，还是在执法过程中，都应本着平等对待行政主体与行政相对方的原则，行政主体不再被视为一个特殊的主体，均衡设置双方的权利义务，使得双方在法律的框架内，处于一种平等的受保护和受约束的状态。从而行政主体与相对方均有积极行为的机会，为双方更好的对话与交流、形成行政主体与相对方良好的互动关系奠定基础。具体而言，行政法的平衡理论可以做如下理解：

〔1〕罗豪才、袁曙宏、李文栋：“现代行政法的理论基础——论行政机关与相对一方的权利义务平衡”，载《中国法学》1993年第1期。

〔2〕包万超：“行政法平衡理论比较研究”，载《中国法学》1999年第2期。

1. 平衡行政法的核心是“兼顾”

行政法律制度的核心内容是围绕着行政主体与相对方的权力（利）来展开和规定的，而权力（利）又总是和利益密切联系在一起的，“法律是社会关系的调节器”，究其实质，法律其实可以理解为社会利益的平衡器。行政法也不例外，是行政主体利益与相对方利益的平衡器、公共利益与个人利益的平衡器。既然这样，行政法律规范在配置行政主体与相对方权力（利）义务时，就不可能完全站在某一方的立场或角度，也不可能完全倾向于某一方的利益，必须做到利益兼顾。作为平衡论创始人的罗豪才教授非常明确地指出：“公共利益与公民权益的差别与统一是现代社会最常见最普遍的一种现象，正确处理利益关系应该是统筹兼顾，不可只顾一头，反映在行政法学上，其利益主体的权利义务总体上应该是平衡的”。“……一方面，为了维护公共利益，必须赋予行政机关必要的权力，并维护这些权力的有效行使，以达到行政目的；另一方面，又必须维护公民的合法权益，强调行政公开，重视公民参与和权利补救，以及对行政权的监督。”[1] 所以说，平衡行政法的核心是“兼顾”。平衡论亦可称为“兼顾论”。

2. 行政主体与相对方之间的平衡体现在立法过程中双方的权利义务配置的平衡

在立法中平衡配置双方的权利义务是达致行政主体与相对方地位平衡的起点，也是维续双方平衡最为关键的一环。这是

〔1〕 宋功德：《行政法的均衡之约》，北京大学出版社2004年版，第33页。

一个显而易见的问题，尤其是在当下我国大力构建法治国家的进程中，“依法办事”、“依法行政”是一个基本准则，如果在立法的层面不能平衡双方的权利义务，很难在法律适用或者解释的过程中去实现平衡。当然，在立法中平衡配置行政主体与相对方的权利义务，也不是意味着双方的权利义务内容的完全相同或者权利义务数量的完全相等，甚至可能也达不到民事法律关系当事人的权利义务对等的状态，而只能保障行政主体与相对方权利义务的大体平衡，保持一种概括性的和动态的平衡。比如，也是最常见的即是以程序性权利弥补在行政法律关系领域内的相对方实体权利弱势的态势。因为在行政法领域内，为了实现行政目标，通常会优先安排和考虑行政主体的权力，即职权，赋予行政主体权力后，以期行政主体能够履行职责，达致行政目的。那么对于行政主体在实施行政行为的过程中可能会造成的相对方权利损害的补救措施，即赋予相对方程序上的权利，包括参与程序的权利和申请救济的权利。赋予相对方程序上的权利——如参与权、申辩权、申请回避权等——以防止行政主体的专断，并保障相对方能够以主体的身份参与到行政法律关系中并能够在一定程度上影响法律关系的进程和内容；赋予相对方救济权——如提起诉讼权与申请复议权、申诉权等——以加强司法权等权力对行政权的监督审查，并保障相对方合法权益受到侵犯后有纠偏的途径和机会，最终保障合法权益能够恢复到被侵犯之前的完满状态。

3. 行政主体与相对方之间的平衡还体现在适用法律过程中双方的法律地位平等

平衡行政法以“兼顾”为核心，兼顾行政主体与相对方双方的权力（利）义务，使双方在适用法律过程中的法律地位平等。尽管行政主体与行政相对方所承担的社会角色不同，但是在法律面前，二者的身份是相同的，即都是法律调整的对象，都应当是守法主体，法律在要求其守法的同时，也会对其合法权益给予保护。既然双方的法律地位平等，对于行政主体和相对方，法律可以对之采取相同的态度：授权、保障、制约、激励。对于行政主体，法律会授予其相应的权力，保证其职责的履行，以实现对良好社会秩序的维续，同时也会设置相应的制度与机制，防止行政权力的肆意与滥用。除此之外，平衡行政法中还应包括对行政主体的激励性措施，给行政主体以一定范围内的自由裁量权和发挥作用的空间，使行政主体在行政过程中有更大的积极性，发挥主观能动性更好地履行自己的职责；对于行政相对方，法律同样会规定其应当享有的实体权利与程序性权利，使之能够有充分有效的手段保障自己的合法权益不受侵犯，包括不受行政权力的侵扰。同时，法律也应规定行政相对方应遵守的行使权利的范围和应履行的义务，以保障每一个行政相对方都能保持自身合法权利的完满状态，并在相对方自觉的基础上达致良好的社会秩序。最后，平衡行政法中也应包括对行政相对方的激励性措施，提供各种可能的参与途径和表达渠道，使之积极参与到行政过程中，表达意见，参与国家和社会重大事务的决策，行使公民权利的同时也尽到作为公民的义务，使国家各项决策科学合理，符合民意。所以，平衡行政法中体现的核心价值是“兼顾”，是保证各方在法律地位上的平等，以法律对各方的权利予以确认和保护，同时激励行政主体与相对方主观能动性的发挥，实现行政目的，达致社会和谐。

4. 平衡行政法中行政行为方式的柔软性

平衡行政法的核心是“兼顾”，即在行政行为的过程中，要兼顾各方利益，而兼顾各方利益的前提是能够正确探寻到不同主体的真正利益之所在，因此，要求行政行为过程中，不仅有行政主体的行为，而且需要相对方的广泛参与和意思表达，在此基础上才可能达致利益均衡兼顾。此外，平衡论不仅要求行政行为维持预期的社会秩序，寻求行政管理的经济效益，更重要的是，平衡论主张在满足经济效益的同时，争取社会效益的最大化。所以，不仅要强调行政行为的效率，还要兼顾公平，因而应该最大限度弱化行政权的强制性色彩，在保留必要的强制性行政的同时，大量采用非强制性手段，在行政行为的过程中给相对方以广泛的参与机会和途径，充分听取相对方的意见和建议，尽可能在与相对方协商的基础上实施行政行为，达致行政目的。比如，可以大量发展和普遍采用行政指导、行政合同、行政奖励等非强制性行政措施。由此可见，在平衡行政法中，行政行为多以非强制性手段为之，体现了行政行为方式的柔软性。

综上，行政法的平衡理论所提倡的主体双方地位平等、权力（利）均衡、双方参与及非强制行政手段的运用等都为行政惠民理念的生成准备了充分的理论前提。通过强调双方平等和双方权利义务的平衡，将人们的视线从行政主体一方转移到了行政主体和相对人双方，然后又以相对方对行政过程的参与、非强制行政手段的运用强调了对相对方权利的关照。

（二）和谐社会背景下平衡理论的新发展——行政惠民理念

平衡理论为建立行政主体与相对方的良性互动平台提供理论支持[1]，照应了和谐社会对行政行为模式的要求，即多以非强制性行政行为和谐地达致行政目标。同时，在和谐社会的背景下，也为平衡理论注入了新的内容，即行政主体尊重、保护和增进相对方的权利是对平衡的一种新的解读，是和谐背景下的新的结构性均衡。可以说，行政惠民理念是在行政法平衡理论的基础上对平衡行政法内容的一种补正或者说充实，是构建和谐社会背景下行政法平衡理论中的一个新理念。惠民行政法以平衡行政法的核心价值和内容——兼顾——为基准，强调行政相对方的核心地位，强调行政主体的服务性，强调行政相对方权利的本源性和行政主体权力的派生性。主张在行政权力优越于相对方权利的现实状态下，行政惠民的理念助成双方权力（利）的均衡。行政惠民理念的基本内容可以从以下几个方面予以理解：

1. 行政惠民理念的立足点是行政相对方的权益

在行政法理念发展的每个阶段，每一种行政法理念均有自己的出发点和立足点。在管理行政法中，与行政法是行政管理法、是行政主体行使管理权力的法律观念相适应的行政法立足

〔1〕 罗豪才：“行政法的核心与理论模式”，载《法学》2002年第8期。

点是行政主体的管理权限，行政法就是围绕着赋予行政主体管理权力及行政主体行使管理权力的核心问题展开；在控权行政法中，与行政法是控制行政权力的法律观念相适应的行政法立足点是对行政主体行使权力行为的控制，从对权力行使范围的限制到对权力行使方式的限制，以此达致防止行政权力的滥用、保护相对方权利的目的，但其立足点仍是行政主体及行政权力；在平衡行政法中，与行政法是兼顾国家利益、公共利益与个人利益一致的“兼顾论”相适应的行政法立足点是行政主体与相对方权力（利）的平衡；惠民行政法的立足点与管理行政法和控权行政法中以行政主体为出发点截然不同，它秉承平衡行政法的基本理论——在公共利益与个人利益之间寻找平衡点、在公权力与私权利之间寻找平衡点——并在此基础上另辟蹊径，以行政相对方及其权利作为行政法律制度的出发点，由此来实现行政主体与相对方权益的事实上的平衡。因为权利作为权力的本源有理由在法律上占据更优越的地位，权利与权力相比在事实上的弱势也为在法律上对权利给予特别保护提供了合理性。所以，在惠民行政法中，以行政相对方及其权利为核心，以行政主体提供服务和给惠于民为目的，将行政相对方作为制度安排的起点，行政主体完全围绕如何为相对方提供服务和照顾这一核心问题来实施行政行为，行使行政权力。行政相对方的权益成为行政法的立足点。

2. 行政惠民理念的价值取向在于保护私权并为之提供服务

行政法作为调整行政主体与相对方关系的法律，其价值诉求可能是包括多种价值的一个复合体系。而且不同的主体从不同的角度对其价值的认识也可能存在明显的差异，但是在其众多的价值诉求中，不同的行政法理念指导下的行政模式总会选择与自身相适应的一个核心价值作为自己的首要价值取向。

在管理行政法中，行政法的价值定位在行政秩序的维护方面，即通过对行政主体的授权来保障其管理职能的实现，从而达致统治阶级预期的社会秩序，管理行政法的价值偏好在于秩序。在控权行政法中，行政法的价值定位于对行政主体行使权力的控制方面，通过严格控制行政权力，使之恪守“无法律即无行政”的基本原则，尽量限缩行政权作用的范围，实施消极行政，并以此来保障相对方的自由和权利不受公权的侵犯，控权论认为“行政法的最初目的就是要保证政府权力在法律的范围内行使，防止政府滥用权力，以保护公民”。[1] 所以，控权行政法的价值偏好在于自由。在平衡行政法中，行政法的价值定位于兼顾秩序与自由，试图在秩序与自由中间寻找一个支点，平衡二者的矛盾，以期能够兼顾维护行政秩序和捍卫公民自由两种价值。惠民行政法是在平衡行政法的框架内，将行政法的价值定位于保护私权并为之提供服务。惠民行政法的这种价值取向并非将行政秩序完全排除在行政法的价值序列之外，如前所述，行政法的价值是一个复合体，行政秩序当然属于行政法的价值诉求之一，即便是在惠民行政法中也是如此。只是在这诸多行政法的价值中，由于其所主张的相对方权利核心地位及

---

〔1〕［英］威廉·韦德：《行政法》，徐炳等译，中国大百科全书出版社 1997 年版，第 252 页。

行政主体的服务角色决定了惠民行政法中的行政法价值偏好在于私权利的保护以及行政主体为相对方提供服务这个维度。强调行政相对方权利的保护和行政主体的服务角色也是惠民行政法基本特征和核心内容。

3. 行政惠民理念中的行政行为方式多为非强制性

行政法中的行政行为是一个传统而又具有未来意义的基本法律制度。它是最常见的公共行政活动方式，是传统的行政法基本概念，是行政活动方式类型化的基石，也是行政主体完成其广泛行政任务的手段。[1] 行政行为方式特指行政主体在公法领域内处理具体事件所采用的方式。行政主体的行为方式选择与行政法的类型及其基本理念相关，不同类型的行政法，有不同的行政法理念，就有不同的行政行为方式。

在管理行政法中，将行政主体的行政行为视为达致管理目标、实现行政秩序的基本手段，维续其所期望的社会秩序是行政行为的首要任务，所以行政行为当然以强制性为主要方式，不存在给相对方以参与权或者在行政的过程中与相对方协商的问题。而且在管理行政法中，由于行政行为的目的纯粹而唯一，就是为了实现秩序，所以，为方便行政主体高效达致目的，管理行政法会赋予行政主体以较大的自由裁量权，由此导致行政结果的不可预期性，行政行为具有较大的不确定性，相对方对行政行为的走向无从知晓，根本缺乏参与和协商的前提。在控

〔1〕［德］汉斯·J. 沃尔夫、奥托·巴霍夫、罗尔夫·施托贝尔：《行政法》（第2卷），高家伟译，商务印书馆2002年版，第9页。

权行政法中，行政行为最突出的特点是依法而为，即所说的依法行政，这里的法既包括实体法，又包括程序法，由于控权行政法中奉行的对行政权力严格限制和规范的观念，尤其是通过严谨周密的程序法的规定，对行政行为的限制几乎发挥到了极致，行政行为是标准的消极行政。在这种行政法中，虽然其控制行政权力的目的也是为了保障相对方权利不被侵犯，为了保障公民的自由权利，但是其所采取的方式是严格行政行为的实施范围及程序，由此可知，在行政行为实施的过程中，只能依法律设计的步骤按部就班进行，不可能存在与相对方协商和听取相对方意见对行政行为的过程或结果予以合理性修正的问题。因而，从这个角度来看，在控权行政法中，行政行为方式依旧以强制性为主；在平衡行政法中，行政行为的实施也要遵循“兼顾论”所要求的利益兼顾，即在实施行政行为的过程中，要兼顾公共利益与个人利益。可以说，在平衡行政法中，坚持的是“两点论”，即以行政主体和行政相对方为平等的两点，无论是在行政法律制度安排，还是在权利义务配置方面，都是从两点出发，做到利益兼顾，依照平衡论的观点，利益能兼顾最好，但是如果存在难以调和的矛盾，二者利益不能兼顾之时，以公共利益为重。罗豪才教授指出，个人利益与公共利益发生不可调和的矛盾时，个人利益应当服从公共利益（以合理的补偿为基础）。一位学者进而指出：中国平衡行政法不同于西方国家的重要之处，在于中国行政法是以集体主义（而非个人主义）为基点的平衡器，国家利益始终是中国调节社会利益关系的出发点和归宿。[1] 与平衡论所主张的利益兼顾论相适应，平衡行政法中的行政行为的方式也是“兼顾”的，既有强制性行政行为，也提倡非强制性行政手段的运用；在以平衡论为理论依据的行政惠民理念中，强调以行政相对方及其权利作为一切活动的出发点，在行政行为的过程中，以行政主体提供服务和给惠于民为基本要求，以相对方的参与和表达意志为必要程序，在双方协商一致的基础上、在和谐的气氛中达致行政目的，维续一种双赢的行政秩序。所以说，在惠民行政法中的行政行为方式多以非强制性为主，以行政相对方的参与为主。这样，双方在充分了解行为过程的前提下更容易沟通并达成一致，以期消解政府与公民之间的对立情绪、和缓权力与权利之间的张力、弥合公共利益与个人利益之间可能存在的冲突。

## 二、公共服务理论

公共服务理论的提出最早可以追溯到法国波尔多派的代表人、公法学大师莱昂·狄骥。狄骥认为：公共服务的概念正在逐步取代主权的概念而成为公法的基础。[2] 在提出公共服务理论之后，狄骥又给出了公共服务的一个基本概念，狄骥认为，“公共服务就是指那些政府有义务实施的行为”，[3] “对一项公

〔1〕 包万超：“行政法平衡理论比较研究”，载《中国法学》1999 年第 2 期。

〔2〕 [法] 莱昂·狄骥：《公法的变迁·法律与国家》，郑戈、冷静译，辽海出版社、春风文艺出版社 1999 年版，第 40 页。

〔3〕 [法] 莱昂·狄骥：《公法的变迁·法律与国家》，郑戈、冷静译，辽海出版社、春风文艺出版社 1999 年版，第 53 页。

共服务可以给出如下定义：任何因其与社会团结的实现与促进不可分割、而必须由政府来加以规范和控制的活动，就是一项公共服务，只要它具有除非通过政府干预，否则便不能得到保障的特征”。[1]

（一）公共服务理论的发展

关于公共服务理论并没有就此达成共识，随着行政法学理论和公共服务实践的发展，继狄骥之后的另一位法国学者古斯塔夫·佩泽尔对公共服务予以比较系统的研究，他将公共服务定义为“公共团体为了满足普遍利益的需要而进行的活动”。[2]这个定义显见古斯塔夫·佩泽尔发展了狄骥的公共服务概念，将公共服务概念的外延予以拓展。首先，他将提供公共服务的主体予以扩展，将之定位于“公共团体”，而不再限于“政府”。他进而认为，“公共服务的用语可以有组织的含义和物质的含义。在组织含义上，公共服务意味着一个组织、一个行政机构。在物质含义上，公共服务指的是某项活动、某项具有普遍利益特点的使命。”[3] 从而拓宽了公共服务的理解视角。“这两个概念经常相互重合，但并不总是如此：事实上，我们越来越多地发现私人组织管理着物质含义上的一些公共服务。公共

〔1〕［法］莱昂·狄骥：《公法的变迁·法律与国家》，郑戈、冷静译，辽海出版社、春风文艺出版社1999年版，第53页。

〔2〕［法］古斯塔夫·佩泽尔：《法国行政法》，廖坤明、周洁译，国家行政学院出版社2002年版，第187页。

〔3〕［法］古斯塔夫·佩泽尔：《法国行政法》，廖坤明、周洁译，国家行政学院出版社2002年版，第187页。

服务的物质成分和使命如今在公共服务的概念中占据了主导地位。”[1] 至此，古斯塔夫·佩泽尔更加明确了他的观点，即作为物质的公共服务并非完全由传统意义上的作为组织的公共服务的有机体——政府——来提供，也因此导致了作为组织含义的公共服务与作为物质含义的公共服务不会总是相互重合。古斯塔夫·佩泽尔在给公共服务下定义后，又在此基础上提出了认定公共服务的标准，古斯塔夫·佩泽尔指出，判定是否属于公共服务的标准有两个：“一是符合普遍利益，二是属于统治者的意愿，并且认为法官在认定公共服务时可考虑下列因素的存在：公共权力特权的存在、有悖私法的条款和规则、服务的设立和对服务运行的监督”。[2] 至此，公共服务概念的外延得以扩展，公共服务理论的内容亦得以丰富。

### （二）公共服务理论确认政府“生存照顾”的责任

正值公共服务理论在法国兴起后，德国也产生了类似理论，称为服务行政。服务行政理论将公共服务理论向前推进一步，明确了政府的“生存照顾”责任。

1918 年第一次世界大战后，经济衰退，民不聊生，社会动荡。于是，“照顾中下阶层民众”的思潮产生，这种思潮反映在行政法中表现为“服务行政概念”的提出。在 1938 年，德国福斯多夫教授发表《当做服务主体的行政》一文，阐释现代行政

---

〔1〕［法］古斯塔夫·佩泽尔：《法国行政法》，廖坤明、周洁译，国家行政学院出版社 2002 年版，第 187～188 页。

〔2〕［法］古斯塔夫·佩泽尔：《法国行政法》，廖坤明、周洁译，国家行政学院出版社 2002 年版，第 189～189 页。

权应该是“一个为照顾公民生活所需，而提供积极服务、给付行为的主体”，此后，给付行政（或服务行政）已取代干涉行政，成为行政的主要样态。[1] 由此，德国的“服务行政”理论开始发展。福斯多夫在提出“服务行政”这一概念之后，又进一步指出服务行政的重要性，指出人的生存权乃是首位之权利，在民众有尊严地生存能够被满足之后，才会提出对其他人权的保障要求，也才能为人权保障的其他方面提供前提条件。因此，福斯多夫说，“法治国家之原则，乃依法律来治理国家以及保障人权。但是在20世纪，这种情形已有改变。人民总是先求能够生存，以后才会要求享有自由、秩序与福祉。国家因此而负有广泛照料人民生存之义务，并受这种义务之拘束。此不仅是德国，也是各国宪法发展之趋势。任何一个国家为了维持国家稳定，就必须提供人民生存之照顾。国家惟有提供生存照顾，确保国民的生存基础，方可免于倾覆之命运”。[2] 福斯多夫在指出“生存照顾”重要性的基础上，又对生存照顾的责任承担主体变迁予以分析，指出“生存照顾的发展系由‘个人负责’进

---

〔1〕 陈新民：“‘服务行政’及‘生存照顾’概念的原始面貌——谈福斯多夫的‘当作服务主体的行政’”，转引自陈新民：《公法学札记》，中国政法大学出版社2001年版，第55页。

〔2〕 陈新民：“‘服务行政’及‘生存照顾’概念的原始面貌——谈福斯多夫的‘当作服务主体的行政’”，转引自陈新民：《公法学札记》，中国政法大学出版社2001年版，第52页。

而转为‘集体负责’，最后转入‘政治负责’之中”。[1] 至此，生存照顾的责任彻底要由行政主体来承担，并且是由作为公权力的行使者的行政主体来履行对公众的照顾之责。正如毛雷尔教授所指出的，“通过生存照顾的概念，福斯多夫将提供为人们生活所必要的条件和给付确定为行政的任务。”[2]

这种公共服务理论和生存照顾观念为行政惠民理念奠定了深厚的基础，提供了理论上的支撑。但是，这里还存在一个问题，即如何准确界定何谓“生存照顾”，也即行政主体行为的界限是什么，这是一个很重要且现实的问题，如果处理不好，就会使行政主体处于两难境地：如果将生存照顾的范围界定过宽，则难免有干涉个人私权利及私生活之嫌，何况行政主体手中掌握的资源也有限，生存照顾的范围过宽，会使有限的资源捉襟见肘而难以应付；如果将生存照顾的范围界定过窄，则根本不能满足生存照顾的需要，不能保证民众有尊严地生活，从而使得生存照顾名不符实。所以，应当给生存照顾下一个恰当的定义，以此来清晰界定其内涵和外延，以免引发不必要的歧义。对此，福斯多夫认为，“要来界定生存照顾之概念，可由下述两个观点来确定之：第一，服务关系之‘双方性’；第二，个人对

---

〔1〕 陈新民：“‘服务行政’及‘生存照顾’概念的原始面貌——谈福斯多夫的‘当作服务主体的行政’”，转引自陈新民：《公法学札记》，中国政法大学出版社2001年版，第53页。

〔2〕［德］哈特穆特·毛雷尔：《行政法学总论》，高家伟译，法律出版社2000年版，第17页。

此服务关系之‘依赖性’”。[1] 姜明安教授认为：公众的合理的公共服务需求可以转化为公民应当享有的公共服务权利，判断公众的公共服务需求是否合理，既要依靠最低生活标准等客观标准，也要考虑是否形成广泛共识等主观标准。通常包括：是否属于公民正常生存和发展的基本需求，是否与公共团体服务能力相称，是否与现代政治、经济和社会体制相适应，是否与经济发达程度和社会文明程度协调一致等。[2]

由此，可以比较恰切地反映“生存照顾”的本意，并原则划定“生存照顾”之范围。强调服务关系的“双方性”是要区别于行政主体行使权力的强制性行为，强化在行政主体对公民予以“生存照顾”之时，要以协商为必要手段，以意思一致为前提，由此来体现“双方性”，不同于行政主体所实施的单方意志性的行为。此外，“依赖性”大致勾勒了“生存照顾”的外延，或者说是确立了一个划定“生存照顾”外延的原则，即个人对此照顾的依赖性。这种依赖性可以从两方面理解：一是就普遍的情况而言，行政主体所施的“生存照顾”包括公共物品和设施，属于私主体无力或者是不愿提供服务的范畴；二是就个案的情况而言，行政主体所施的“生存照顾”与具体个人的实际情况密切关联，具体问题具体分析和解决，即该照顾对该个人具有不可或缺性。非有此种照顾存在，该个人则无法有尊

〔1〕 陈新民：“‘服务行政’及‘生存照顾’概念的原始面貌——谈福斯多夫的‘当作服务主体的行政’”，转引自陈新民：《公法学札记》，中国政法大学出版社2001年版，第72页。

〔2〕 姜明安：“服务型政府呼唤公法转型”，载《中国法学》2006年第3期。

严地生存。行政主体有义务保障公民有尊严地生活，为之提供帮助与照顾，从而体现行政行为的人文主义情怀和人性化色彩。[1]

## 三、公民权理论

公民权理论提倡再度复兴的、更为积极的和更多参与的公民权。[2] 公民权理论的内涵包括两部分：一是实体上的要求，即公民的权利应为行政法的核心，行政主体的行为要围绕——公民权——这个核心展开；二是程序上的要求，公民的权利在程序上应当得到重视，即强调公民对政治和行政过程的参与权。

前述关于公共服务理论是从行政主体的角度，或者说是从政府的角度确证行政惠民的正当性，寻求理论的支撑。然而，行政惠民理念之所以不同于福利国家观念的关键就在于它不仅

---

〔1〕 20世纪70年代以后，在公共行政学界，在公共行政及行政法学界有两大理论比较热门，即“新公共管理理论”和“新公共服务理论”。对行政惠民的理念也具有启发意义。新公共管理是从管理学的角度推崇私营机构的管理技术，认为政府要掌舵，不要划桨。将公民视为“顾客”，强调绩效；新公共服务理论是在公共服务理论基础上产生，主张政府不要掌舵，要服务；强调政府服务的是公民，而非顾客；重视人，而非只重视生产率。可以说，新公共服务理论应是对新公共管理理论的一种扬弃，“它试图在承认新公共管理理论对于改进当代公共管理实践所具有的重要价值并摈弃新公共管理理论特别是企业家政府理论的固有缺陷的基础上，提出和建立一种更加关注民主价值和公共利益、更加适合于现代公民社会发展和公共管理实践需要的新理论”。具体参见［美］珍妮特·V. 登哈特、罗伯特·B. 登哈特：《新公共服务——服务，而不是掌舵》，丁煌译，中国人民大学出版社2004年版，第10～25页。

〔2〕［美］珍妮特·V. 登哈特、罗伯特·B. 登哈特：《新公共服务——服务，而不是掌舵》，丁煌译，中国人民大学出版社2004年版，第26页。

强调行政主体对公民予以“生存照顾”的责任，而且强调在这个过程中的公民权与公民参与。因为如果不是这样，很可能导致行政主体的专断。正如弗里德利希·冯·哈耶克在对福利国家对个人自由可能构成的威胁与侵犯时说：“福利国家便成了一个家庭式国家（a household state），在这种国家中，家长控制着社会的大多数收入，他根据他所认为的社会成员需求或应当得到满足的需求的数量和品种来分配这些财富。”[1] 但是这只是行政主体的一厢情愿，尽管其行为的出发点是为人民提供服务和给予帮助，但是，“对人民的福利采取这样一种行政管理的方式，将不可避免地使有关管理机构成为一种一意孤行且无从控制的机构；面对这样的机构，个人既是无能为力的，亦是孤立无援的”。[2] 所以，如果单纯以公共服务理论强调行政主体对公民的服务或者是照顾责任，难免陷入福利国家的泥潭。所幸，现在我们已经注意到这一问题，越来越重视公民权，并注重对公民意识的培养。使公民能够更理性地参与到国家和社会的管理活动中来，从而在公共事务方面积极有效发挥作用。

### （一）公民权利思想的再度勃兴

公民权利思想是有一个漫长的流变过程的，从最开始的身份象征到公民的政治权利，即以间接民主的方式或者直接民主的方式参与政治生活的权利，又发展到当下公民的参与行政的

---

〔1〕［英］弗里德利希·冯·哈耶克：《自由秩序原理》（下），邓正来译，生活·读书·新知三联书店1997年版，第13页。

〔2〕［英］弗里德利希·冯·哈耶克：《自由秩序原理》（下），邓正来译，生活·读书·新知三联书店1997年版，第15页。

权利。在近代早期，“公民”基本上是希腊和罗马传统中的一个人物，他当然地被赋予了一系列如韦斯利·霍菲尔德在他具有开创性的著作《法律基本观》（1920年）中所称之的自由、特权、豁免权和权力，而这些又起到了将公民界定为一种身份的作用。[1] 从某种意义上说，当时的公民更像是一种身份的象征，是区别于奴隶的自由人，但是公民并不同于普通的自由人，比如在雅典，将人分为公民、外来人与奴隶，外来人是自由的，但没有公民所拥有的权利和义务，或者确切地说是没有公民资格，只是相对于奴隶而言，其人身是自由的。而且，古希腊罗马时期的“公民”，不是一个独立的概念范畴。当时的每一个个体公民都不足以说明公民的特点及地位，只有公民集团才能充分表现那个时期的公民特点。每一个公民的权利也只有在整个公民集团存在的前提下才有意义。而成为集团中的一员本身就是一般人不可享有的特权，这种身份上的差别胜过因这种身份而带来的种种利益的差别。[2] 所以，在古希腊罗马时期，公民权只是一种资格，是划分人的等级的一种标准。这种资格会给公民带来很多特权：如有权出席公民大会、被选举担任公职、向国家领取津贴、参与国家的生产和分配、获得各种荣誉等。到了中世纪，公民资格以及公民的特权随着神学的兴起而逐渐

〔1〕 安纳贝尔·S. 布雷特：“公民权利思想的演变”，转引自［英］昆廷·斯金纳、［瑞典］博·斯特拉思：《国家与公民——历史·理论·展望》，彭利平译，华东师范大学出版社2005年版，第120～121页。

〔2〕 胡弘弘：“公民制度若干问题研究”，武汉大学法学院2003年博士学位论文。

退出历史舞台，教会和封建君主更强调服从和效忠，正如奥古斯丁认为：人是两个城市的公民，一是他出生的城市，一是上帝城。……人的本质是双重的：他是精神又是肉体……人一生的基本事实就是人的利益的区分：以肉体为中心的世俗利益和专门属于灵魂的另一世界的利益。[1] 这一时期，由于是落后民族吞并了先进民族，导致思想文化上的退步，公民权利一点点被剥夺，神学主导一切。及至15、16世纪的“文艺复兴运动”和17、18世纪的“启蒙运动”，平等和权利的观念才又被重新提及，到了资产阶级取得胜利、建立国家后，公民概念就开始普及。16世纪英语“citizen”一词被理解为享有公民权利的共和国公民。突出表现为公民不再是一种特定的资格，公民权也不再是一种特权。公民权是一国全体社会成员所拥有的权利。但是，这种公民权更多地是在政治意义上使用，是一种政治权利。正如巴伯所说，政治领域是公民资格定义的根本领域，公民之所以是公民，是因为他们讨论并参与政治。[2]

### （二）公民权理论明确公民参与行政的正当性

这种将公民权利理解为政治权利是与早期的政治与行政不分的思想传统一脉相承的，而且即使当行政从政治中分离出来之后，关于公民权利的范围问题也仍然没有引起学术界和实务

〔1〕［美］乔治·霍兰·萨科教拜因：《政治学说史》，盛葵阳、崔妙因译，商务印书馆1999年版，第232页。

〔2〕 Benjamin Barber, *Strong Democracy*: *Participatory Politics for a New Age*, University of California Press, 1984, pp. 117～119. 转引自胡弘弘：“公民制度若干问题研究”，武汉大学法学院2003年博士学位论文。

界的足够重视，从而使得公民权利仍属于一种政治权利。但是随着经济的发展，社会主体利益的多元化以及新出现的环境、能源等问题使公民对国家提出越来越多的关于生存方面的需求，如果将公民权利仍然只限于解释为政治权利的话，这种解释定会因为不具有现实回应性而备遭质疑。于是再度出现民主公民权的理论。这些理论不仅把公民权视为一种合法身份，更指出公民权涉及的是一些与一个人在某一政治共同体中成员资格的特性有关的更加一般的问题。公民权涉及的则是个人影响该政治系统的能力，它意味着对政治生活的积极参与。[1] 而且，在这一阶段，关于公民权理论更重要的发展在于将公民权包含的内容予以扩展。“例如，有人可能会认为，政府存在的首要目的就是要增进社区以及社区内部个人的经济利益。”[2] 由此可见，公民权内容不再限于对政治事务的参与，而是已经渗透到社会和经济事务中，渗透到行政事务中。最近出版的两本书《政府属于我们》（*King and Stivers*，1998）和《公民治理》（*Box*，1998）集中探讨了公共行政官员怎样才可能会促进创立一种更加以公民为中心的政府。与这种观点相一致，金和斯蒂弗斯断言，行政官员应该把公民视为公民（而不是把公民仅仅视为投票人、当事人或“顾客”），应该分享权威和减少控制，并且应

〔1〕［美］珍妮特·V. 登哈特、罗伯特·B. 登哈特：《新公共服务——服务，而不是掌舵》，丁煌译，中国人民大学出版社2004年版，第27页。

〔2〕［美］珍妮特·V. 登哈特、罗伯特·B. 登哈特：《新公共服务——服务，而不是掌舵》，丁煌译，中国人民大学出版社2004年版，第27页。

该相信合作的功效。[1] 这样，公民权理论彻底认可了公民对行政事务的参与权，公民不再单纯是一个符号、一种象征，而是通过对政治生活和行政事务的参与来体现和享有公民权利。而且美国已经在将公民参与行政纳入法治化轨道方面领先一步，1990年，美国的《协商制定规则法》（Negotiated Rulemaking Act）被设计用于使轻罪影响的当事人能参加到政策制定程序的启动计划阶段中——这比公布被提议规则的通告程序还要早。人们希望当事人自身和来自行政机关的代表就被提议的规则达成一致意见，并将之提交给行政决定是否接受、修正或拒绝。如果该一致意见被行政机关接受了，就会成为被提议的法令的基础，而被提议的法令将被公布以供评论。[2] 可以说，公民权理论从公民参与的角度提供了行政惠民理念正当性的另一个理论支点。

就行政事务而言，公民不再单纯是投票人，而要参与决策的过程；公民不再单纯是当事人，而要成为具有话语权的合作一方，行政主体与相对方在法律的框架内，协商一致共同作为，达致行政目的，如行政相对方接受行政指导、协助行政执法、签订并履行行政合同等，这样行政相对方在与行政主体的行为互动中就能够体现其自身的意志、利益和自由，并能够发挥其

〔1〕［美］珍妮特·V. 登哈特、罗伯特·B. 登哈特：《新公共服务——服务，而不是掌舵》，丁煌译，中国人民大学出版社2004年版，第29页。

〔2〕阿尔弗雷德·C. 阿曼："新世纪的行政法"，转引自［新西兰］迈克尔塔格特：《行政法的范围》，金自宁译，中国人民大学出版社2006年版，第128页。

主观能动性，不再是单纯的接受者和依赖者；公民不再是“顾客”[1]，而是“所有者或主人”，是享有公民权利和参与机会的公民，是在一个更广大社区环境中权利的享有者和责任的承担者，而不是只关注个人短期利益的“顾客”。法国革命家罗伯斯庇尔也曾认可公民接受给惠的权利和政府提供服务的责任，他说：“人民是主权者，政府是人民的创造物和所有物，社会服务人员是人民的公仆。”[2] 这种公民权利理论的勃兴，为公民参与行政事务提供了正当性依据，行政过程的双方互动成为一种基本要求，行政主体的服务和给惠行为以公民的意见表达为前提、以公民的现实需要为核心、以公民的参与为必经程序。从而为政府的公共服务职责划定了基本准则，即公民的参与和公民的需求。现代的公民权理论为行政惠民理念提供了理论上的支撑。

---

〔1〕“顾客”一词是在西方新公共管理运动中产生的对公民的一种新的称谓。在这项运动中，通过把政府服务的接受者视为顾客，而把这种顾客至上的理念带进政府改造之中。这项运动是在20世纪最后的二十余年，为迎接全球化、信息化、国际竞争加剧的挑战以及摆脱财政困境和提高政府效率，西方各国相继掀起的政府改革的热潮，使得公共行政模式向“管理主义”或“新公共管理”模式转变。如澳大利亚学者休斯在其1998年出版的《公共管理导论》一书中所说：20世纪80年代中期以来，西方发达国家公共部门的管理行为方式已发生了变化，以官僚制为基础的传统行政管理模式正在转变为一种以市场为基础的新公共管理模式。参见陈瑞明：《政府再造——西方“新公共管理运动”述评》，中国人民大学出版社2003年版。

〔2〕［法］罗伯斯庇尔：《革命法制和审判》，赵涵舆译，商务印书馆1965年版，第138页。转引自张慧平、王霄艳：“论社会保障权的合法性基础”，载《理论探索》2006年第4期。

# 第二章 行政惠民的内涵解析

行政惠民在行政法领域内是较新的一个概念，是我们首次提出和使用的，是随着我国建设服务型政府与构建和谐社会目标的提出而逐渐形成的行政主体服务于民和给惠于民的观念和信念，惠民既是对政府的一种要求，又是政府满足社会需要的一种积极作为。在行政法领域内，我们将之称为行政惠民，主要研究何谓行政惠民，行政惠民理念对行政主体和相对方有哪些要求以及行政主体在法律的框架内如何行为才能达致惠及民众的目的。为了行文方便，并防止引起歧义而导致不必要的争议，对这一新概念的基本内涵先行作以交待，以在明确概念的基础上做作一步的分析和讨论。

## 一、行政惠民的语义详解

在我国构建和谐社会的特定时空背景下，笔者提出行政惠民的概念。任何概念都是在特定的语境下使用并由此才能准确界定其含义。本书在分析行政惠民这一概念的内涵时，拟借用以哈特为代表的新分析法学派的方法论，以期能够对行政惠民的确切涵义和意义予以界定，避免由于基本概念的含糊不清而导致不必要的分歧或者争议。

所谓语义分析，亦称语言分析，是通过分析语言的要素、结构、语脉（linguistic context）、语境（linguistic background），而澄清语义混乱，求得真知的一种实证研究方法。[1] 但是需要说明的是，本书在此只是借用语义分析的法学方法，试图将语词放在其所产生和存在的背景和条件下，以期能够探寻其真正的、并且尽可能丰富全面的内涵，并非完全认同新分析法学派的法学研究方法，特此作出说明，避免因为本书试图给行政惠民一个确当定义的做法与分析法学派的观点有所冲突而致歧义。因为作为新分析法学派的代表人物之一哈特曾说：法学家不应在定义的脊背上建立法学理论，而应致力于分析法律、法学语言在实际生活中是怎样被使用的。[2] 所以，笔者在这里只是借用其定义的方法。

### （一）行政惠民语词的基本含义

首先，"行政"[3] 一词，在英文中译为"administration"，德文中译为"verwaltung"，均源自拉丁文"administrare"，均包

〔1〕 张文显：《二十世纪西方法哲学思潮研究》，法律出版社 2006 年版，第 79 页。

〔2〕 张文显：《二十世纪西方法哲学思潮研究》，法律出版社 2006 年版，第 81 页。

〔3〕 本书所指称之行政，为公行政，因为私行政属于私法，尤其是民法体系的研究范畴，所以，如果文中不特指，则行政即为公行政。

含有“执行、管理”的意义在内[1]。关于行政的含义，由于对何谓行政的外延存在争议，行政含义以及界定行政的方法均不一致。通说认为，行政有形式意义和实质意义两种：形式意义的行政是以实行（或代表）国家行为的主体，来作为辨识行政行为之标准，即以行政机关的行为作为认定行政的概念。[2]例如，姜明安教授认为，所谓行政，就是国家行政机关为实现国家的目的和任务而行使的执行、指挥、组织、监督诸国家职能。[3]胡建淼认为，只有国家的活动才是行政，一般社会组织和个人的活动——哪怕是管理活动——不属行政；[4]实质意义上的行政是以功能来取舍，凡是含有行政性质者，都属行政。[5]例如，德国著名的行政法学者汉斯·J. 沃尔夫教授认为行政是指“特定的组织按照特定的目的和计划，对外自负其责地、独立地、创造性处理事件的各种活动，特别是作出相应决定的活动”。[6]

根据语义分析学派的观点，定义是利用一个独立的词来给出语言上的界说，它主要是一个标明界限或使一种事物与其他

---

〔1〕 陈新民：《行政法学原理》，中国政法大学出版社 2002 年版，第 12 页。

〔2〕 参见陈新民：《行政法学原理》，中国政法大学出版社 2002 年版，第 12～13 页。

〔3〕 姜明安：《行政法学》，山西人民出版社 1985 年版，第 4 页。

〔4〕 胡建淼主编：《行政法学》，复旦大学出版社 2003 年版，第 2 页。

〔5〕 参见陈新民：《行政法学原理》，中国政法大学出版社 2002 年版，第 13 页。

〔6〕 [德] 汉斯·J. 沃尔夫、奥托·巴霍夫、罗尔夫·施托贝尔：《行政法》(第 1 卷)，高家伟译，商务印书馆 2002 年版，第 22 页。

事物区别开来的问题。有些人会经常地感觉到有标明界限的需要，因为这些人虽然精通词汇的日积月累而成的用法，却不能阐明或解释他们已经意识到的那些使一种事物与其他事物区别开来的差别。[1] 也就是说，要给出一个词语的定义，首先要界定其使用的范围，在不同的范围内，该词语的定义会有所差异，只有将之放在特定的范围中去讨论，该词语才会有确当的定义。行政是在公共领域内使用的概念，关于“公共的”，沃尔多在《公共行政学研究》中归纳了三个方面的含义：一是从哲学、法学和政治理论层次上，即从国家或政府的角度给“公共的”下定义，这里涉及的是主权、合法性、福利一类的问题；二是从经验层次上，即从公共职能和公共活动的范围上来界定；三是从政府执行活动或职能的角度来下定义。因此，“公共的”作为与“私人的”相对的概念，表示国家、政府及其他公共组织的职能、活动范围；与多数人的利益相关，有较多的社会公众参与；表示一个众人的事务领域。[2]

这种公共行政概念打破了行政活动的国家性质这一限定，将之扩至公共领域。这对于缓解社会对公共服务需求的增强与国家供给能力不足的矛盾大有裨益。因此，就广义而言，“行政”指的是包括国家机关在内的社会组织，在其活动过程中所进行的各种组织、控制、协调、服务、监督等活动的总称。其一，它属于公务，不是其他社会组织和个人的任务。其行为主

〔1〕［英］哈特：《法律的概念》，张文显等译，中国大百科全书出版社 1996 年版，第 14 页。

〔2〕陈振明主编：《公共管理学》，中国人民大学出版社 1999 年版，第 33 页。

体可以是代表国家的行政机关，也可以是承载着部分国家职能，提供公共服务的社会组织。但是其所实施行为的目的一定是为公众提供服务，是不以营利为目的增进公共利益的活动。其二，也不是一切国家权力都是行政权力，只有行政机关或者政府的权力才是行政权力，它有别于立法权和司法机关的检察权和审判权。其三，行政权属于“执行权”，它是按照法律规定的权限和程序去行使国家职能从而实施法律的行为。行政的目的是为了增进公共利益。

其次，惠民的基本含义是在平等的基础上给惠于民，惠及民众。“惠”，在现代汉语词典中解释为给予的好处，把好处给予某人或某地，[1] 这是“惠”的最本源和朴素的含义。《韩非子·外储说右上》也有“君必惠民而已”。即国家要给惠于民，为民众提供好处。所以，概括地讲，“惠”即为给惠、提供服务和便利、给予关照和照顾。“惠”是指包括国家行政机关在内的承载国家行政职责的主体在实施行政行为的过程中的一种态度和一种行为方式。作为行政主体一种态度的“惠”，是指行政主体在实施行政行为的过程中，以提供服务和给予利益为基本准则，尽可能给公众带来便利或者益处，比如能够为之提供良好的生存环境、为之提供便利的生活条件，或者是为公众扫除参与管理国家和社会公共事务的障碍，提供其参与的途径，并保证其参与的有效性，行政过程即是一种提供服务的过程；作为

〔1〕 中国社会科学院语言研究所词典编辑室编：《现代汉语词典》，商务印书馆1993年版，第504页。

一种行为方式的“惠”，是指行政主体在可选择的各种行为方式中，以是否能够“给惠于民”作为其选择行为方式的判断标准。同时，“惠”还有一种宽容和理解的含义在内。所谓宽容是行政主体对相对方的过失的宽容，这种宽容主要体现在行政主体对相对方违法行为之态度上。行政主体的权力对相对方权利具有一定程度上的支配性是一个不争的事实，行政主体在行使其权力时，要以人为本、宽容对待。比如行政处罚过程中罚款的额度，不要总是选择封顶的额度，在法律规定的范围内尽可能考虑相对方的承受能力，罚款不是目的，重要的是起到警醒的作用。当然，这种宽容也不能任意扩大范围，对于危及其他人生命健康或者有损其他人权益或者对他人权益具有潜在威胁的行为，为了保障大多数人的合法权益不被侵犯，行政主体必须履行职责，对违法行为人严格依法办事，承担起保护公民权利的责任。所谓理解是行政主体对相对方需求的理解，要求行政主体的服务和给惠要视相对方的需要为之，而不是想当然的给予，从而在惠民中体现人性化的要求。总之，“惠”是行政主体在行政行为过程中给惠于民、服务于民，并把它作为行政行为的指针、作为行政行为适当性的判准。在福斯多夫提出服务行政的时候，阐释现代行政主体应该是“一个为照顾公民生活所需，而提供积极服务、给付行为的主体”。当时的服务行政只限于行政主体对民众的生存照顾，但是这里的行政给惠于民已经不限于生存照顾，而是向着纵深的方向迈了一大步。要求行政主体为民众提供全方位的服务，包括建立妥善的公用事业、文教事业、社会保障以及在公民权的无障碍行使等方面都要承担一定的责任，或者是直接的给付以满足需求，或者是间接的提供机会和渠道，为满足民众的要求找寻适当的路径。此外，“惠”是一种平等对待。行政惠民中的“惠”一定要和“恩惠”、“恩赐”划清界限。“惠”不是高高在上的统治者给臣民的恩惠、不是自上而下的赏赐，而是处于平等地位的行政主体与相对方在充分沟通并取得相对方认可的前提下，为相对方提供服务和便利。“惠”是以平等为前提的，是在平等基础上的给惠。

“民”是相对于“行政主体”的一种概括性称谓，既包括自然人，亦包括法人和其他组织，既可以是具体行政行为中的行政管理相对方，也可以是行政过程中与行政主体相对应的那一方当事人之外的人。是指所有不具备行政权力或者不以行政权力为后盾实施行为的主体，比如行政机关工作人员不以公务身份出现时，也是为民，也是被服务和给惠的对象。正如胡锦涛总书记在中央人口资源环境工作座谈会上的讲话，“让发展的结果惠及全体人民”。这也正是行政惠民理念所倡导的。

（二）行政惠民的语境

“语境”的英文是 linguistic background，字面含义为语词的背景，也即提出这一语词的社会历史文化背景都是什么，在什么样的情况下提出这样的语词，以及提出这个语词有什么意义。由此，将语词放在特定的历史时空下，与特定的客观条件相结合，用以确定其真正的、具有充实内容的含义。可以说，任何一个新的词汇的产生都离不开特定的历史条件，语言是人类描述事物、表达感情、交流思想的工具，是人类思维的直接体现和思想的物质外壳。任何思想理论的形成与传播，如果离开了语言这个工具，就无法实现。[1] 退一步讲，即使是已有词汇的使用也是需要明确其语境的，在不同的语境中，同一个词汇的含义就可能会不同。所以，明确语境对于界定词汇的概念很重要。本书中行政惠民的概念是在构建和谐社会之中国的特定时空背景下提出的。具体而言，提出行政惠民概念的语境大致可以归纳为以下两个方面：

1. 转型中国的特定历史时期

当下，我国正处在从传统向现代转型的时期，经济、政治、社会乃至整个文化结构发生着并即将发生整体性的变迁。有学者将我国社会转型的主要内容描述为互相联系的三个层面：一是社会结构转化。即当前社会整体结构、社会资源结构、社会区域结构、社会组织结构及社会身份结构的重大转变。二是社会机制转化。即当前中国社会的利益分配机制、社会控制机制、社会沟通机制、社会流动机制和社会保障机制的转化。三是观念转化。即价值观念、思维方式等方面的变迁。[2] 与此相应，政府以及公民的思想观念以及由此决定的行为模式也在悄然发生变化：由于市场经济的进一步活跃，市场所要求的自由竞争环境迫使政府要转变行政行为模式，在仅保留必要管理权限的基础上大规模放权激励自由竞争，但同时，政府还要回应社会及公民的需求，解决自由竞争可能带来的不公平及无序化问题。

---

〔1〕 张文显：《二十世纪西方法哲学思潮研究》，法律出版社2006年版，第80页。

〔2〕 董琦："转型期政府行政模式重构的生态分析"，载《行政论坛》2002年第2期。

因而，这一时期的政府应当是回应型的政府、服务型的政府，把提供服务和为民众提供便利解决现实问题作为第一要务。由于民主进程加快，使得行政主体与公民思想观念发生了较大变化，尤其是对行政主体的行政行为方式的民主化问题提出了更高的要求，民众要求参与的呼声越来越高涨，民众要求表达的愿望越来越强烈，同时，民众的公民权意识也越来越明晰化，权利本位观念深入人心，这一切都使得行政权力的强制性逐渐弱化。在转型期，由于政治经济体制的变化，原有的利益格局被打破，新的被公众所认可的利益格局尚未形成，由利益纷争所带来的社会矛盾增多，而作为平等的权利与权利之间的矛盾是无法通过自身来化解的，只能由公权力提供解决的方案，协调利益关系，提供服务以满足最大多数人的需求。由此要求行政主体在实施行政行为的过程中，以惠民的理念、采用惠民的方式，给惠民众，缓解矛盾，平衡利益关系。

2. 构建和谐社会的大背景

进入 21 世纪后，中共十六大和十六届三中、四中全会，明确提出构建社会主义和谐社会的战略任务，此后胡锦涛同志在省部级主要领导干部提高构建社会主义和谐社会的能力专题研讨班上对和谐社会的内涵予以明确，他强调指出："社会主义和谐社会应该是民主法治、公平正义、诚信友爱、充满活力、安定有序、人与自然和谐相处的社会。"因此我们可以说，和谐社会就是民主的社会、法治的社会和有秩序的社会。在这样一个社会中，每一个人的正当和合法的利益都能够受到尊重和保障，政府应当承担更多的保障和促进公民权益的责任，而所有公民则能够共享社会进步的成果、共享社会和谐。这是一个共享与共建的社会，而且正是通过共享与共建的良性互动过程才得以体现民意、满足民需。行政主体与行政相对方是行政法中的一对基本关系，行政主体的权力与相对方权利亦是行政法中的一对基本矛盾，因而，社会和谐体现在行政法领域内就表现为行政主体与行政相对方之间的和谐和权力与权利之间的和谐。而行政主体弱化行政行为的强制性、保障相对方的参与和表达权利以及在行政行为的过程中能够给惠于民、协调各种利益关系等都是和谐的基本前提与保证，或者也可以说成是和谐的应有内容。然而在我国目前情况下，在经济领域内的市场化改革，虽然取得了一定的成效，基本上建立了市场经济的基本框架，但是与市场经济相配套的种种利益均衡机制却严重滞后，结果导致社会利益格局的严重失衡以及由此所引致的各种社会矛盾的大量出现。最突出的矛盾是社会贫富分化的加剧以及由此带来的问题。[1] 从表面上看，这种贫富差距是一个经济问题，但实质并非单纯的经济问题。因为贫富差距多数是在经济转轨的过程中不公平的分配体制所致，与社会上一些不正常现象伴生，

〔1〕 关于中国的贫富分化问题，世界银行1997年发布的一份题为《共享不断提高的收入》的报告中指出，中国80年代初期反映居民收入差距的基尼系数是0.28，到1995年是0.38，到90年代末为0.458。按照世界银行的分析，这一数据除了比撒哈拉非洲国家、拉丁美洲国家稍好外，我国的贫富悬殊要比发达国家、东亚其他国家和地区以及前苏联、东欧国家都大。报告指出，全世界还没有一个国家在短短15年内收入差距变化如此之大。如果短期内没有政策来调节的话，还会继续恶化。参见孙立平："走向市场经济条件下的和谐社会"，载《中国经济时报》2005年3月15日。

比如腐败、权钱交易、偷税漏税、走私贩私等。还有垄断性行业，它凭借对资源、市场、价格的垄断，获得大量的垄断利润。这种不公平的存在使公民认为政府在诸多方面存在缺位，认为这种结果是由于行政主体自身存在问题或者是行使职责不力而致，由此产生对政府的不满情绪。为消除这种不满情绪，更为清除上述不公平、不正常的现象，行政主体应积极作为，履行应尽的职责、坚决制止违法行为、保证正常的交易秩序和公平的社会氛围。另外，在这个过程中，要树立惠民的理念，在法律的框架内积极作为，坚持以人为本，坚持把相对方的权利增进作为行政行为的根本目的，把服务于民作为行政行为基本理念，尽可能满足公民的社会需求，对公民提供帮助，从而消除对立情绪，和谐社会关系。

因此，可以说，我们是在中国政治、经济以及整个社会转型期和构建和谐社会这个大背景下提出“行政惠民”这个概念的，由此决定了行政惠民这一概念所处的语境，即处于权利彰显、民主盛行的时代。和谐社会的目标要求行政主体的服务精神，从这个意义上说，“行政惠民”是政府的职责所在，是时代发展的必然要求。而且就当下而言是举全国之力给惠于民、服务于民。这样，在理解“行政惠民”中的“行政”时，就是一种广义的理解，行政应被界定为包括行政机关在内的所有提供公共服务的组织所进行的组织、控制、协调和服务活动，是向着构建和谐社会目标实现这一维度的行政，其核心意义在于政府约束自身行为，合法并合理运用行政权力对社会事务进行全方位的管理与服务，履行应尽的义务和职责，实现社会和谐。

行政惠民是指在行政过程中，对行政主体提出的一种关于思维方式和行为模式方面的要求。要求行政主体在实施行政行为的过程中，本着为民服务和给予相对方生活照顾的理念，以积极的行政行为为相对方提供尽可能多的现实便利，使相对方拥有便利的生活条件和轻松的生活氛围，践履行政主体的服务职能，实现权力服务于权利的理想，惠及全体人民。

（三）行政惠民的语脉

语言的语脉是将之放到具体的语言环境中，联系上下文及其所处的整体环境，对语词的一种宏观把握。如前所述，行政惠民是在中国转型的特定时空背景下，在构建和谐社会的条件下提出的关于行政行为的一种总体思路，从这个层面上说，行政惠民可作如下理解：

1. 行政惠民是一种思维模式

行政惠民的内涵之一是将“给惠于民”内化为行政主体的一种思维模式。行政惠民的核心要求是行政主体在行政过程中，将为“民”服务和提供便利作为其行为指针，将“惠民”作为检验其行为适当与否的标准。将服务于民作为行政主体的一种思维方式是实现行政惠民理念的基础和重要一环。因为行政惠民本身既是一种“硬”要求，也是一种“软”要求。说它是一种“硬”要求，是因为随着行政法理论的发展，行政权力经历了从管理以实现社会秩序到控权以保障民权再到平衡以达到官民关系的良好互动和对民权的一种积极保护这样一个发展过程，行政惠民则刚好和这种对民权提供积极保护的要求相契合，尤其是在我国构建和谐社会总体目标的大背景下，官民关系的和谐是社会和谐的关键，所以，从这个角度说，行政惠民是一种“硬”要求；说它是一种“软”要求，是因为行政惠民是对行政权力和行政行为的一种概括性要求，既然是概括性的要求，当然就有很大的弹性，任何人都无法用语言或文字将之一一具体化，既然惠民要求的整个内容体系是有弹性而无法具体的，它当然就是一种相对的“软”要求。行政惠民的这种又硬又软的特点就决定了必须把它作为一种思维模式，也就是说，行政主体在实施行政行为的过程中应当贯穿惠民这条主线，将行政相对方作为行为的主体和服务的对象，而不是将之作为管理的客体，本着惠民的理念实施各种行政行为，使行政行为的实施能够为相对方提供尽可能的便利。如前所述，这种惠民同时又具有“软”的特点，由于其所具有的这种弹性，不能将之所有的内涵外化为具体的行为要求，所以，只有把惠民当做一种思维方式，使得行政主体下意识或不自觉地从惠民的角度去实施行政行为，从根本上保障惠民措施的周全，而不致行政主体过于拘泥于法律明文规定，严格遵循法有规定才行为的规则而不能积极作为，导致在为相对方提供服务和便利方面裹足不前的不良局面。

2. 行政惠民是一种行为模式

行政惠民的另一层含义是其作为行政主体的一种行为模式。思维是对内在的要求，是行为的前导。行为是对外在表现的要求，是思维的外显。所谓行为模式是指主体行为时所遵循的原则、规则和标准以及其在一定原则规约下形成的相对固定的行为方式。作为行为模式的行政惠民要求行政主体在实施行政行为的过程中，不仅要遵循相关的实体法和程序法的规定，而且要以一种人性化的手段，以便民、利民的方式去行为，真正尽到公仆的职责，为民谋利、给惠于民。行政主体实施行政行为，达致行政目的的途径有多种，就像从一点到另一点有很多条路可以选择一样，但是其中总有一条路是最经济的、有一条路是最便利的、有一条路是最有效率的、有一条路是最有利于民的……选择哪一条路、哪一种方法就依凭行政主体的价值取向。在管理行政时代，主体可能会选择其实施行政行为最便宜的那一种方式；在控权行政时代，主体可能会选择其实施行政行为最保险〔1〕的那一种方式；在注重人权保护和强调人性化的当代，主体应当选择最有利于民众的那一种方式去行为，这样就形成了一种行政行为的相对固定的程式，它包括行政行为的具体程序和行为方式。当然，这里所提及的行政行为程序和方式都是在法律法规的框架之内的，即其行为首先要合法，包括符合实体法和程序法，包括符合法律和法规以及其他规范性文件，然后才能论及行为的惠民模式。

3. 行政惠民是行政行为的终极目的

行政行为的目的既存在多层次，又存在多种类。就行政行为目的的层次而言，可以分为直接目的和终极目的两个层次。直接目的是行政行为实施的直接后果，亦是实施行政行为想要达致的直接效果，终极目的比直接目的要抽象，通常与行政法

〔1〕 此处的保险是从行政主体保障其自身行为的合法性层面而言的，指行政主体严格依法行政，避免公权侵扰私权。

理念密切相关。在不同的行政法理念下，行政行为的终极目的是不同的：在管理行政法中，行政行为的终极目的是实现管理秩序；在控权行政法中，行政行为的终极目的是规范权力行使，不侵扰私权；在平衡行政法中，行政行为的终极目的是达到一种利益均衡，要体现相对方的权利保障和实现，尤其在和谐社会的背景下，行政主体为民提供服务、保障和增进公民权利是为一种新的利益均衡，或者说是一种达致行政主体与相对方事实上利益平衡的途径。在直接目的中，不同的行政行为的目的又有所区别：比如行政指导的目的“在于引导行政相对方自愿采取一定的作为或者不作为，以实现行政管理目的”〔1〕；再如行政处罚的目的在于“保证行政法律规范得以遵守，社会、经济和生活秩序得以维护”〔2〕。前述关于树立行政主体的惠民信念和设计行政主体的惠民行为模式，归根结底都是为着一个目的，即惠及民众。只有行政相对方的福利增加才是目的。正如本杰明·卡多佐所说，“法律的终极原因是社会的福利。未达到其目标的规则不可能永久性地证明其存在是合理的。”〔3〕所以，从这个意义上来说，行政惠民就是行政行为的终极目的。行政主体是国家权力的行使者之一，权力内隐于行政行为中，行政行为的过程也是权力的实现过程。而权力来源于并服务于权利

〔1〕 姜明安主编：《行政法与行政诉讼法》，北京大学出版社、高等教育出版社2005年版，第334页。

〔2〕 姜明安主编：《行政法与行政诉讼法》，北京大学出版社、高等教育出版社2005年版，第312页。

〔3〕［美］本杰明·卡多佐：《司法过程的性质》，苏力译，商务印书馆1998年版，第39页。

是已经被大家所接受的事实，作为权力实现途径和手段的行政行为当然也应当服务于权利，行政行为的终极目的是服务于民、给惠于民。

## 二、行政惠民存在的场域

一般而言，行政惠民存在于几乎所有的行政行为中，存在于与民权、民利、民生相关的各个领域。也就是说，行政惠民的存在场域可以从两个方面来概括：一是动态的行政惠民，即从行政主体的角度来解读行政惠民，强调的是行政主体要实施哪些行为提供服务和给予便利；二是静态的行政惠民，即从行政相对方的角度来解读行政惠民，在行政惠民理念下的行政相对方可以在哪些方面享有权益。这里仅从动态的角度来描述行政惠民存在的场域。由于我们在文中强调行政主体的责任和服务义务、强调公民参与下的行政过程，所以，我们拟从动态的角度来阐述行政惠民存在的场域。以行政主体应承担的责任和实施行为的方式为切入点对惠民存在的场域予以分析，由于行政主体行为种类的不同，不同的行政行为的直接目的和特点亦有差异，所以，行政惠民的具体要求也颇不相同。但是可以肯定的是所有的行政行为都是向着惠民的目的去实施的，一些授益性的行政行为，如行政奖励、行政指导等，其所体现的服务精神和惠民目的自不待言，即便是一些侵益（剥夺）行为，也同样应当以服务精神和惠民的目的去实施。

### （一）行政惠民理念下行政行为的分类

依照行政法学对行政行为的分类，行政行为通常分为两种类型：抽象行政行为和具体行政行为。抽象行政行为仅指行政立法行为，即关于制定行政规章的行为；具体行政行为指行政权力实施于具体个案的行为，包括行政合同、行政强制、行政处罚以及其他的行政行为，例如行政事实行为、行政指导与行政计划等。在行政惠民理念下，以行政行为的内容和直接目的为标准，可以将行政行为分为行政管理行为和行政服务行为。

1. 传统行政行为分类概说

对于抽象行政行为而言，因为它是行政机关依职权或授权而从事的制定规范性文件的行为，该行为内容和后果虽也涉及民众的权益，但同时这是一种准立法的行为，应当遵循《立法法》的相关规定，其行为的效力具有普遍性和一般性，与个案无涉。当然，在制定此类规范性文件时，也应当把惠民作为一种理念和基本原则，或者当做一个基本的出发点和归宿。这里仅涉及的是一个立法指导方针或者原则上的问题，非行政行为在操作层面的体现，并非是本书要论述的对象。本书拟以具体行政行为作为主要的论述对象。因为具体行政行为对行政相对方权利义务的影响是确定性的、直接的，惠民理念的目的也在于能够指导行政主体的职权行为，使其具体行政行为向着服务于民、给惠于民的方向发展。

在具体行政行为中，不同的分类标准就有不同的分类结果，如以行政主体对行政法规范的适用有无灵活性为标准，可以分为羁束行政行为和自由裁量行政行为；以行政行为是否由行政主体主动实施为标准，可以分为依职权行政行为和依申请行政行为等。其中有一种分类是本文意图重点说明的，即以行政行为方式为标准，将行政行为分为强制性行政行为和非强制性行政行为。[1] 强制行政行为通常具有直接的强制力，这种直接的强制力实际是一种“可以在不顾及施加对象是否情愿的情况下强迫对方服从一定意志的力量。”[2] 非强制行政行为，多与行政相对方的权利和行政主体的义务直接相关，其内容以行政主体对行政相对方的给付、授益、赋权、协助性的居多。[3] 这种非强制行政行为与现代民主的要求是相契合的，强化行政相对方的参与性权利，并体现了行政主体的服务精神。为了回应现代民主的现实需求，在20世纪90年代初，就有多位学者着手研究这一问题，并就此多有著述。罗豪才先生在其《行政法的“平衡”及“平衡论”范畴》一文中指出，按行政行为的性质及内容将之分为消极行政和积极行政，认为“现代行政可以分为两类，一类对相对方的权利义务产生直接影响，如行政命令、行政处罚、行政强制措施等；另一类对相对方的权利义务不产生直接影响，如行政规划、行政指导、行政咨询、行政建议、行政政策等。前一类行政称之为‘消极行政’，后一类行政称之

〔1〕 崔卓兰教授于1998年首次提出非强制性行政行为概念。在1998年第5期的《吉林大学社会科学学报》上崔教授首发“试论非强制行政行为”，文章中首次提出非强制行政行为概念，将行政指导、行政合同、行政奖励等带有特殊性的行政行为概括为非强制行政行为，并具体论述了非强制行政行为的特征以及在现阶段将非强制行政行为纳入行政法领域加以规范调整并予系统研究的必要性。

〔2〕 崔卓兰：“试论非强制行政行为”，载《吉林大学社会科学学报》1998第5期。

〔3〕 崔卓兰：“试论非强制行政行为”，载《吉林大学社会科学学报》1998第5期。

为‘积极行政’。这种积极行政与消极行政的划分打破了传统对行政权力的描述和要求，传统观念对行政与法的关系或者对行政权力的经典描述是‘无法律即无行政’，这种分类打破了传统行政法中将‘无法律即无行政’奉为圭臬的观点。显然，在将行政分为积极行政和消极行政的基础上，依法行政的内涵有了进一步的发展，再也不是仅仅将法律的明文规定作为行为的依据和界限，或许行政可以“逾越”法律对其职责的明文规定，一般的规则是：依法行政对消极行政的要求是‘没有法律规范就没有行政’，即受法律严格制约；依法行政对积极行政的要求是‘法无明文禁止，即可作为’，当然，积极行政也应符合法定的权限和程序要求，不得同宪法、法律相抵触。”〔1〕而且重要的是这种积极行政应当符合惠民的理念和目的，即惠民的目的是积极行政可以“逾越”法律明文规定的正当性依据。至此，这种对行政行为的新的分类方式开放了一个新的领域，倡导积极行政，将非强制行政行为发扬光大。

在对行政行为种类予以研究的过程中，又有论者提出，行政权的发展趋势即是强制的逐渐削减和非强制的大量进入，指出“放松管制意味着政府强制性行政权的惊人退却，旨在弱化强制行政，引入竞争机制，避免管制失灵，增进社会效益。放松管制是与行政权发展演变规律相谋合的，行政权的总的演变

〔1〕罗豪才、甘雯：“行政法的‘平衡’及‘平衡论’范畴”，载《中国法学》1996年第4期。

趋势是弱化强制”。[1] 以行政指导为代表的非强制性行政行为逐渐被行政法理论界和实务界所接受并重视。非强制行政行为的数量逐渐形成规模而成为一种独立的行政行为类型，至此，以行政行为方式为视角将行政行为分为强制性行政行为与非强制性行政行为成为一种必然。

2. 行政惠民视角下的行政行为种类

行政惠民是以“惠民”作为行政行为的出发点和归宿，并把行政行为是否符合“惠民”的要求作为衡量行政行为是否适当的标准，将惠民作为行政行为的实质内容与终极目的。这样，除去了关于行政行为分类的手段、方式等标准，仅以行政行为的内容与直接目的为标准，行政惠民视角下的行政行为分类就简单了许多。就具体行政行为而言，把行政行为概括性地分为行政管理行为与行政服务行为。罗豪才先生将之概括为行政机关的两类行为范式，这两大类行为范式是指：一是具有直接对相对一方权利义务的配置和实现产生影响的法律效力的行为，包括赋予相对一方权利或解除相对一方义务与剥夺相对一方权利或课加相对一方义务的行为，其集中体现了行政权的强制力、支配力的特性；二是对相对一方权利的行使和义务的承担施予指示性的、不产生法律效力的影响的行为，如行政机关就国民经济发展、社会进步以及提供社会服务等作出的行政规划、行政指导、行政决策、宏观调控等行为，其特点是缺乏法律强制

〔1〕 石佑启：“公共行政改革与行政法学范式的转变”，载罗豪才主编：《行政法论丛》（第4卷），法律出版社2001年版，第111页。

力，自由裁量性和政治性强，在当今政府施政中占较大比重。[1]这两类行政行为是以行为的手段及效果为标准划分的（手段是否具有强制性、行政行为效果是否具有法律约束力），但从行为的内容方面看，这两类行为范式简明扼要地点明了行政主体行使管理权能和服务权能的两种情况，所以，本书就借助这种分类方法，分别阐述行政主体在不同类型的行政行为中是如何贯彻实施“惠民”理念的。

（二）行政管理行为中的惠民[2]

行政行为中具有直接对相对一方权利义务的配置和实现产生影响的法律效力的行为，包括赋予相对一方权利或解除相对一方义务与剥夺相对一方权利或课加相对一方义务的行为，在行为中较集中地体现和运用了行政权的强制力和支配力的行为可视为行政管理行为。这类行政行为的特点表现为：从行为的发生上看，行政行为都有确定的法律依据。由于这类行政行为的强制性，是赋权授益也好，课以义务也罢，其行为的单方确定性要求必须有明确的法律依据，即严格恪守“无法律即无行

〔1〕罗豪才、沈岿：“平衡论：对现代行政法的一种本质思考——再谈现代行政法的理论基础”，载《中外法学》1996年第4期。

〔2〕此处的行政管理行为与行政法管理论下的行政行为不可同日而语，不能混淆。虽然二者有一定的相似之处，行政行为的手段多表现为强制性，秩序也是行政行为的目的。但是在管理论中，“管理”是行政主体的思维模式和行为手段，行政主体行使管理权力，达致秩序；惠民视角下的行政管理行为只是依行政行为的内容对行政行为分类而得出的行政行为的一个种类。因为行政主体作为公权力的行使者，毕竟承担着一定的维持秩序的职能，其行为不可避免地存在管理内容，但“管理”非行政主体的思维模式和手段，秩序也非行为的终极目的，只是在需要国家公权力介入的某些领域通过“管理”维持秩序，保障合法权益。

政”之基本准则，必须做到“出师有名”；从行为的直接目的上看，维续秩序的目的较为明显，简单地说，这种行政行为倾向于行政主体行使国家赋予的管理权能，实现其所期待的社会秩序；从行为的方式上看，行政行为多采用强制性手段，在实施行为的过程中，凭借诸如扣押、限制人身自由等现实性的强制手段迫使对方“就范”，使得行为迅速奏效，极具行政效率。

由上述该类行政行为的特点不难看出，由于该类行为的单方强制性，使得其行为的过程及结果极易导致对公民权利的侵犯，针对这类行为，如何保证其不仅能够在行为的过程中“不越雷池一步”，而且行政行为的结果也不能侵犯相对方的合法权益。不侵犯相对方的合法权益是对行政管理行为的初级要求，也是行政主体惠民的前提条件，即惠民首先要做到不扰民。以此为前提，行政主体的管理行为要明确目的，处罚和秩序都不是最终目的，最终目的是保护合法权益、服务于民、给惠于民。这也是对行政管理行为的深层次要求。行政管理行为的直接目的虽然是维续某一领域的社会秩序，但是在这期间，仍然可以体现行政主体的服务精神和惠民目的。行政管理行为中的惠民主要是通过对违法行为的否定性评价及不利后果的责加，及时制止违法行为，或者以法律规范中责任的存在给违法行为造成一种威慑，从而避免或减小违法行为对其他公民合法权益的损害。比如行政强制，公安机关对违反《治安管理处罚法》的人予以强制拘留、强制传唤，主管机关对于拒绝或者逃避隔离的检疫传染病患者予以强制隔离，对腐烂变质食品实行强制销毁等。这类行为的直接后果是行政主体行使权力，责令违法行为人承担不利的法律后果，从形式上看，其以强制性手段达致管理秩序，但是其终极目的却是为了保护合法权益不被侵犯，通过对违法行为的制止和制裁维护一种社会秩序、间接保障合法权益。即不能否认这种行为实质上的服务性和维权性。而且行政主体的管理行为对于惠民目的的实现是必要的。它作为公权力，必须在必要时能够维持公平正义。比如2008年发生的“三聚氰胺”事件。[1] 工商局、质监局等相关部门在事发后严厉处罚责任人，国务院也承诺为患病婴儿免费诊治，这期间体现了行政主体的惠民措施，但是如果行政主体能够更负责任地积极地行使监管职责，能够及早发现类似问题，并及时解决，保障公民合法权益免遭侵害，才是惠民的理想状态。那么，针对行政管理行为，如何实现惠民目标？如何将行政管理中的行政秩序与行政惠民二者有机结合起来是其中的关键环节，在行政管理行为中实现惠民目标可以从以下三方面着手：即预备性手段、过程性手段、补救性手段。

1. 预备性手段

预备性手段包括两种，分别是观念性手段和规范性手段。所谓观念性手段，是指在对行政主体进行岗位培训的过程中，灌输“行政惠民”的理念，从而使行政主体在实施行政行为的过程中，以“惠民”为最基本的指导思想，即便需要采取强制性措施，也要将相对方的权益考虑其中，结合“比例原则”，以

---

〔1〕 2008年9月，由于三鹿等品牌的婴幼儿奶粉中含有过量三聚氰胺，结果导致全国范围内数千名食用奶粉的婴幼儿患肾结石以及其他疾病的严重食品安全事故。

损害最小的方式达致行政目的，从而保障强制行政行为不野蛮、行政主体与相对方矛盾不激化，取得社会效益最大化。所谓规范性手段，是以法律的手段预防。因为这类行政行为系严格依法而为，因此在立法中对行政主体和相对方的权利义务配置就要合理，限制行政权力的运用，尤其是设定行政主体职权的时候，一定要考虑相对方利益和社会效益，不要只考虑行政效率，要赋予相对方以一定的防御权从而在一定程度上防止行政权力的肆意和滥用（滥用包括主观故意形态的滥用和客观上由于误解法律、误用法律而致的滥用），并保障相对方的合法权益不受侵犯。

2. 过程性手段

过程性手段是指对行政主体实施行政行为的过程进行监控，包括两个方面：一是完善行政行为程序；二是完善内部监督机制。关于正当行政程序的必要性是有目共睹的，著名行政法学家韦德在他的《行政法》中说："程序不是次要的事情。随着政府权力持续不断地急剧增长，只有依靠程序公正，权力才可能变得让人能容忍。"〔1〕关于程序的重要性，美国最高法院一位法官曾说过，"程序公正与规范是自由不可或缺的内容。苛严的实体法如果公正地、不偏不倚地适用是可以忍受的。……自由的历史很大程度上是遵守程序保障的历史"〔2〕。由此可见，程

〔1〕［英］威廉·韦德：《行政法》，徐炳等译，中国大百科全书出版社1997年版，第93页。

〔2〕［英］威廉·韦德：《行政法》，徐炳等译，中国大百科全书出版社1997年版，第94页。

序的控制是必不可少的。完善的行政程序不仅能够保障行政行为的合法性，而且能够保障相对方的合法权益，也可以从另外一个角度认识行政程序的作用，即完善的行政程序能够为行政主体提供充分的行为依据和确定性的行为指引，避免行政主体的职权行为程序欠缺。严格健全的行政行为程序是从程序上规范行政行为的行使，使得实施行政行为的每一步骤都符合程序，对于违反主要程序的行政行为一律认定为无效，这样通过程序控制来保障相对方的权利免遭侵犯；完善监督机制是强化实施行政行为的内部监督机制，行政行为的内部监督可以在实施行政行为的过程中进行，一旦发现行政违法或者不当行为立即制止，避免损害发生，因为任何权利受损之后的补救措施都难以达致权利未被侵犯之前的完满状态，所以，对于行政行为的事中控制很重要，能够对行政行为实施随时纠偏。

3. 补救性手段

补救性手段是防控行政行为侵犯相对方权利、践履惠民理念的最后一道防线，但是这种防控措施是以对受损相对方权利予以救济的方式来实现的。权利依赖于救济，并以救济为后盾，没有救济的权利就不是完整的权利。只有完善的救济才能提供充分的保障以禁止行政违法或侵权行为的发生，并以此来强制公共职责的履行。可以说，这种补救性手段主要是通过行政救济来实现的。行政救济是国家为受到公共行政（国家公行政和社会公行政）侵害的个人、法人或者其他组织提供行政法上的补救的制度。由于公民、法人和其他组织处于遭受侵害需要恢复权利、弥补利益损失的地位，所以称为对其权利的法律“救济”。[1] 当下，对于行政相对方权利救济的方式主要有申诉控告救济、申请行政复议救济、提起行政诉讼救济和请求国家赔偿救济。

申诉是遭受国家有关机关违法或者不当处理的公民向国家机关陈述事实和理由，要求重新处理的权利。这是公民维护自身权益的方式。控告是指公民对于任何国家行政机关、国家公务员和国家行政机关任命的其他人员的违法失职行为，有权向监察机关提出控告。这种救济手段与其说是对公民个人权益的救济，不如说是对社会公平正义的一种救济，因为此时控告的原因是违法失职行为的存在，并不要求公民权益受损。行政复议是行政机关依照行政复议程序受理和处理行政争议案件的制度，并通过行政复议再次审查行政行为的合法性与适当性，以保护行政相对方的合法权益。行政诉讼是法律为权益受到行政行为侵害的公民、法人和其他组织提供法律救济的有效途径之一，是人民法院依照司法诉讼程序审查具体行政行为合法性的制度。通过独立的司法权对行政主体所为的行政行为进行合法性审查，通过撤销、变更或者确认违法等司法手段，使违法的行政侵权行为丧失或者不能取得法律上的约束力，从而为当事人提供有效的权利救济。[2] 行政赔偿救济是指公民、法人和其

〔1〕 姜明安主编：《行政法与行政诉讼法》，北京大学出版社、高等教育出版社2005年版，第401页。

〔2〕 姜明安主编：《行政法与行政诉讼法》，北京大学出版社、高等教育出版社2005年版，第409页。

他组织在其合法权益受到行政机关及其工作人员的职务行为侵犯而造成损害时，有权依照法律规定要求国家承担赔偿责任和获得法律救济。这是对行政相对方权益受损的一种物质上补救，或者是针对相对方物质性损失最有效的一种事后补救方式。此外，上述各种对相对方权利的救济方式及相应的法律责任规定，使行政主体和相对方都有一个对其行为后果的合理预期，并以此来威慑行政主体，促使其实施行政行为时要慎重，保证其行为的合法性与适当性，从而避免不利后果的产生。

（三）行政服务行为中的惠民

行政行为中不具有直接对相对一方权利义务的配置和实现产生影响、不具有强制性的行为是行政服务行为，包括与相对方协商而为和以指引、激励的方式引导相对方主动实施某种行为从而达致行政目的的行为。概括地说，在行政行为中，以为相对方提供服务为宗旨，较集中地运用了民主、协商和参与手段并基本不体现行政权的强制力和支配力的行为可视为行政服务行为。可以说，行政服务行为是以行政惠民为视角，以行政行为的内容是否具有服务性为标准，对行政行为的一种重新归纳和总结。行政服务行为以惠民为目的、以服务为内容，行政主体以积极的态度行使权力，给惠于民。但是由于行政服务行为的非强制性特征使其行为的弹性增强，行政主体的自由裁量空间变大，恰当掌握服务行为的“度”对于惠民目的的达成是一个关键问题，既要防止行政主体无原则地满足相对方不尽合理的要求，又要防止行政主体的“过度服务”而侵犯相对方的私域。

行政主体的服务行政行为是随着19世纪中后期服务行政理念的流行而兴起的。而在19世纪的大部分时期内，国家应当发挥的作用被认为是有限的，并且本质上是消极的。当时，国家的作用是担当“警察”，为公民做自己的事提供框架和保证基本秩序。按照洛克的观点，国家的作用限于保护其成员的权利不受他人侵害。这就是国家的功能，没有更多的了；如果国家试图越过这些限制，那就是在超出其合法职能。这就是所谓的“红灯理论”。在这种理论的指导下，行政主体的行为是完全被动消极的，其行为完全被严格限定在法律明文规定的范围之内，由此决定了行政主体也只能在限定范围内发挥作用，不可能奢求其能够以积极的行为对相对方给予生存照顾、提供更多的服务以及更为便利的条件。直至20世纪30年代经济危机的爆发，人们对政府的期望不再限于像“警察”般维护社会的秩序，也不再认为管得最少的政府便是最好的政府，由此，政府职责以对公民的生存照顾和服务为圆心，不断向外拓展范围，行政机关的行为也由单纯消极“依法行政”变为积极“依法行政”。这二者虽则都是“依法行政”，但其实质却是存在差异的，前者是法有明文规定才为的一种消极态度，简单说就是行政主体在行为时，不存在任何自身的价值判断，不管好事坏事，只要法律有明文规定即为，同样不管好事坏事，只要法律没有明文规定即不为，完全是一种消极执法；后者是在实施行政行为的过程中加入一种价值判断，以服务于相对方为核心，以法律的禁止性规定为戒律，除此之外均可向着为相对方服务的目的为之，完全是一种积极的依法和积极的行政。从而使得行政向着积极为相对方服务的方向发展。

1. 行政服务行为的特点

行政服务行为的特点表现为手段的非强制性、内容的服务性、行为的灵活性以及过程的民主性。

手段的非强制性是指行政主体在实施这类行政行为的过程中，不以权力作为后盾而对相对方课以强制性的义务，也即该类行为的特点表现为双方的协商性，这种非强制性较集中地体现了在行政行为中给相对方保留必要的空间，不会强制相对方为或不为某种行为，不会强制相对方接受或者放弃某种利益，即便是授益性行为，相对方仍旧有选择是否接受的权利，由此体现出行政惠民的彻底性，不会存在行政主体在不问相对方需要的情况下“乱献殷勤”，体现相对方的自由意志和自己意思；内容的服务性是指行政服务行为都是以服务于民和给惠于民为内容特征的，其行为内容均为授益性，不存在课以相对方单方向义务的情形，其行为结果通常使相对方受益。而且有些情况下会使不特定的多数相对方受益，例如提供良好的生存环境、提供便利的公用设施、以宏观的视角为相对方规划自己的事业发展方向作指引、激励相关当事人的合目的性行为等；行政行为的灵活性主要是相对于传统刻板保守的行政行为而言，而惠民理念下的行政主体在法律框架内以服务于民为目的的积极行为具有较大的灵活性。如前所述，在传统的行政中，行政行为被严格限定在法律明文规定的范围之内，而由于法律自身的稳定性等特点决定部分法律条文的明显滞后性，在“无法律则无行政”原则的指引下，行政行为也不可能偏离法律规定对相对方尽生存照顾之责或者实施任何给惠于民的行为。在现代行政理念中，行政行为的自由度相对大一些，对于非属管理范畴之内且非强制相对方接受的行为，行政主体可以积极的方式为之，尤其是在为相对方提供服务或者便利条件方面。只要不违反法律的禁止性规范，不与法律或宪法相抵触，为了相对方利益的行为，行政主体是可以自由裁量实施的，由此体现出行政行为一定程度上的灵活性。当然，这里的灵活性也并非意味着行政主体可以为所欲为，凭个人意志滥用权力或者是滥用自由裁量权，或者在实施行政服务行为时，不能本着公平正义的基本准则，使相同条件和处境的相对方受到不同的对待。因为此类行为虽具有灵活性，并且不具备强制性，但也是承载着一定行政职责的行政主体利用被赋予的权力所实施的行为，并非属于纯粹的个人行为，并非可以随心所欲。过程的民主性是指行政主体在实施行政服务行为时，要充分与相对方协商，为相对方提供参与和表达的机会，使得行为的内容和结果体现出相对方的意志，而非行政主体一言堂地决策或一厢情愿地给付。所以，在行政服务行为实施的过程中，必须设置有效的途径使相对方能够参与进来，并能够真实、充分地表达意见，使行政主体知道相对方想要什么，从而使之提供服务的行为具有针对性，能够根据不同时期、地点和对象提供不同的公共物品或服务，能够最大限度发挥资源效用，以最小成本获取最大收益。

2. 行政服务行为中惠民目的的实现

行政服务行为与行政惠民理念是表和里的关系，是浑然一体的。从某种意义上说，行政服务行为是实现行政惠民理念的主要手段，行政惠民是行政服务行为的目的。行政行为的直接目的与终极目的在行政服务行为中得到了统一。所以说，行政惠民理念主要依靠行政服务行为来实现，这是由行政服务行为的特点和行政惠民理念的要求决定的。如前所述，行政服务行为所具有的非强制性、灵活性、民主性、服务性等与行政惠民的本质要求都是一致的，所以只要行政主体实施的行为可以归为行政服务行为，就能够满足行政惠民的目的。

行政服务行为主要包括行政指导、行政合同、行政奖励、信息提供、行政给付等。从形式上看，行政服务行为与行政惠民理念的要求完全吻合，但是实践中并非所有的行政服务行为都能达致惠民的目的，因为行政服务行为所具有的灵活性及主体较大的自由裁量权等因素都有必要为行政服务行为设定一些规则，保证惠民目的的实现。首先，行政服务行为应遵循公平原则。公平是维持社会群体团结的黏合剂，〔1〕公平也是行政惠民理念的核心要素之一，要求行政主体给相对方一种无差别的同等对待。所以，在审视行政主体的行为时，不能片面地看行政主体是否实施了行政服务行为，或者是否在服务行为中达致惠民目的，而要通过横向对比分析行政主体的服务行为，视其是否为所有“需要”的相对方提供服务。比如行政主体在实施行政奖励之时，要求采用统一的奖励标准和规范的评奖程序，以保证结果的公正。反之，如果其奖励标准不一，很难想象其

〔1〕［美］乔治·弗雷德里克森：《公共行政的精神》，张成福等译，中国人民大学出版社2003年版，第99页。

惠民目的的实现。其次，行政服务行为应遵循信赖保护原则。信赖保护原则是行政机关对自己做出的行为或承诺应守信用，不得随意变更，不得反复无常。[1] 就行政服务行为而言，行政主体的诚实守信对相对方更有意义。因为服务行为的非强制性特点给了相对方以自由选择的权利，这种情形很容易造成相对方“自己责任”的假象，但实质上行政主体在先的服务行为会对相对方的决策产生较大影响，比如行政指导行为中，行政主体给相对方提供的信息和意见构成相对方决策的主要依据，只有行政主体提供准确的信息，并遵守承诺，相对方才可享有可期待利益，行政主体也可藉此实现惠民目的。

## 三、行政惠民理念的核心

如前所述，本书中的行政惠民理念，是在平衡行政法的框架内，以行政主体权力与相对方权利的结构性均衡为基点，认为和谐社会背景下惠民即是均衡。所以，行政惠民理念彻底将国家和政府定位于服务者的角色，政府的职责既不再是“治民”，也不再是“替民做主”，转而实行“由民做主”。正如张康之教授所言：“政府必须告别作为统治者或管理者的角色，以服务于整个社会的姿态出现，满足社会公众的需求，任何时候都不以任何手段去追求政府自身的利益。”[2] 政府要以公民为本位，在法律的范围之内去安排自己的活动，行政效率不再是

[1] 姜明安主编：《行政法与行政诉讼法》，北京大学出版社、高等教育出版社 2005 年版，第 70 页。

[2] 张康之：“限制政府规模的理念”，载《行政论坛》2000 年第 4 期。

一个单纯的目标，而是将为民服务作为其行为的终极目的。惠民理念是围绕行政主体服务于民、给惠于民的一系列观念的集合，其中行政主体的服务精神、公民参与、公平正义、便利与保障构成了该理念的核心内容。

（一）行政主体的服务精神

社会结构的变迁与政府职能的转变使行政主体的管理职责渐次弱化，而提供公共服务或者组织提供公共服务的职能凸显。20 世纪公共哲学认为，政府行政的最大目的在于提供公共服务，政府是“公共服务的机关”，公共行政最重要的性质在于服务。[1] 行政惠民的理念恰恰要求行政主体服务于民、给惠于民。这与公共哲学中政府职能范围的发展现状是相契合的。作为处于从传统到现代转型期的中国而言，塑造行政主体的服务精神是实现行政给惠于民的前提条件。可以说，行政惠民的核心在于行政主体的服务精神，而且，强调行政主体的服务精神在我国可能更有意义。众所周知，我国有数千年封建专制统治的历史，“礼仪纲常”，臣民的“忠效”、“官本位”思想根深蒂固，即便是在民主革命的大潮中推翻了帝制，而后又成立了新中国，这种历史文化传统也不会像封建王朝那样瞬间灰飞烟灭，它对人的思想意识的影响是深远的。何况在新中国成立后又长期置于计划经济体制之下，行政主体的优越感和“管理”的思维一直占主导地位。然而当下置行政主体于服务地位、要求其服务

〔1〕 吴锦良：“政府职能转变与行政精神重塑”，载《浙江社会科学》1996 年第 3 期。

于民，必然要以改变其思想意识中的“管理者”身份为切入点，要树立行政主体的服务观念、培养行政主体的服务精神，才能实现由“管理者”到“服务者”的角色转换，以此为基础，才能言及行政惠民。行政主体的服务精神包括以下三个方面：

1. 行政主体的平等观念

行政主体的服务精神内在地包含了平等观念。这种平等观念可以从两个方面理解：其一，行政主体与相对方之间的地位平等。行政主体服务于民和给惠于民的行为都是建立在这种平等观念基础上的，而且只有行政主体树立与相对方平等的观念，才可能真正本着服务精神提供服务，彻底肃清管理论中行政主体居高临下“赐予”利益的观念。其二，相对方之间的权利平等，主要指行政主体要平等对待所有的相对方，对相对方的权利给予一种平等保护。

2. 行政主体的权利观念

行政主体的权利观念是指行政主体树立“权利神圣”的信念，因为只有在认可和尊重相对方权利的基础上才可能心甘情愿地为相对方提供保护，服务于民。所以，行政主体的服务精神内在地包含了权利观念，要塑造行政主体的服务精神，首先需要行政主体对相对方权利给予充分的尊重、周延的保护和积极地增进。

3. 行政主体的责任观念

行政主体的责任观念是指行政主体应当把服务于民作为自己的职责，认识到提供服务是其义不容辞的责任，具有为民服务和给惠于民的责任心和使命感。服务精神的要求在于主体将服务贯穿于其行为的全部过程，将服务融入到行政行为中，把这种内化的服务精神外化为行政主体的责任会更有利于行政主体之服务精神的塑造。

（二）公民参与

在现代民主中，公民参与是比较重要的环节。参与是民主政治的基石和裁量决定之工具，协商是民主行政的中心。[1] 在行政过程中，最大多数公民参与进来是惠民的重要保障。因为只有公民充分地参与，才能充分表达其意志，为行政主体的服务行为指引方向。服务内容选择的适当与否要看服务对象的需要。我国的宪法和法律对公民的参与权都予以了肯定。《宪法》第2条第3款规定，人民依照法律规定，通过各种途径和形式，管理国家事务，管理经济和文化事业，管理社会事务。由此可见，我国公民参与有充分的宪法依据。宪法赋予人民充分参与国家和社会事务的权利，此后颁布的《行政处罚法》、《行政许可法》、《立法法》等法律又赋予公民参与国家立法和行政的权利。可以说，公民参与行政过程是行政合意观念的一种体现。在现代行政中，随着非强制性手段运用比例的增加，在行政过程中，通过行政主体与相对方的协商与合意达到行政目的的情形越来越多，显见这种协商与合意基础上的行政更能代表民意和实现公民的权益。所以，公民参与对于行政惠民的实现有重要意义，是行政惠民的核心要素。而且也只有公民充分地参与，

---

〔1〕 叶必丰：《行政法的人文精神》，湖北人民出版社1999年版，第212～213页。

才能更好地发挥其监督行政主体的作用，因为公民充分参与到行政过程中，不仅公民的知情权得以保障，而且也能使公民对行政主体的监督落到实处。因而，行政要向公民公开，行政主体要为公民参与提供有效的途径和渠道，要通过各种方式让公民表达意见，包括在咨询机构中接纳公民代表，在面向公众的行政程序中让公民表达意见。

行政惠民不是单向度的行为，它强调一种双方的良性互动。肯认并保障公民的参与权，能够培养公民的主体意识。有学者指出，在民主社会中，公民对行政的参与是监督政府，培养和造就健康和负责任的政府的基本途径。[1] 所以说惠民也不单纯是行政主体的单方面给予，而是在公民充分参与、双方有效沟通基础上的给予和接受。惠民不是一种形式，而是一种目的，是通过行为让相对方真正享有应得的利益。惠民不仅是一种结果，还是一种过程，要在行政行为的过程中同样体现惠民理念。就公民参与而言，不仅参与本身满足和实现了公民的参与权，而且在参与的过程中，相对方充分表达意见为行政主体的服务提供了可行的方向和目标。

### （三）公平正义

行政主体在实施行政行为的过程中，要遵循公平正义的基本准则。所谓公平是指行政主体面对条件相同的相对方要给予相同的对待。行政法内的公平，其核心内容是指公民、法人与

〔1〕 石佑启：《论公共行政与行政法学范式转换》，北京大学出版社 2003 年版，第 168 页。

其他组织受到平等对待。[1] 行政主体在实施行政行为时，要一视同仁，使相对方不论身份、地位如何，在同等情况下均能受到同等对待，这种公平的感觉对相对方而言是重要的。或者说这种公平的对待对行政主体树立形象和威信而言是重要的，国人的观念中素来有“不患寡而患不均”的倾向，如果行政主体不能做到公平，公民就会对之失去信心，无论此后行政主体为相对方提供了多么便利的服务和周到的照顾，都难免会被误解而达不到应有的效果，而且公民基于这种不信任也不可能与行政主体有深层次的沟通与合作，导致现代行政中的非强制性手段无法实施。而且失去了信任这一前提，很难存在相对方的真诚合作，于是，在相对方自愿基础上达致行政目的的设计落空，也无法达到行政主体与相对方双赢的效果。所以公平应当作为行政惠民中的一个核心要素。正义是法律的实质和宗旨，法律只能在正义中发现其适当的和具体的内容。[2] 正义要求行为手段及后果符合社会伦理道德和普通良善之人的观念。行政主体作为公权力的代表者，其所采取的每一项行动都应当保有正义，这种要求毫无疑问。因为行政主体的行政行为是在维护正义，作为正义的维护者，其自身行为当然应当合乎正义。尤其是在行政主体实施行政服务行为时，因为这种行政服务行为所具有的非强制性、灵活性等特点导致行政主体的自由裁量权较大，

---

〔1〕 罗豪才：“现代行政法制的发展趋势”，载《国家行政学院学报》2001 年第 5 期。

〔2〕 张文显主编：《马克思主义法理学——理论、方法和前沿》，高等教育出版社 2003 年版，第 235 页。

要求行政主体不仅要注重行为内容的服务性，更要保证在惠民目的下其行为所具有的普遍的正义性。

（四）帮助与便利

帮助与便利是行政惠民理念渊源之“生存照顾”的本意之一。即行政主体承担为相对方提供基本生活之必要帮助的义务，并以公法的保障功能来确保人民的分享权利。[1] 便利包含两层含义：一是从宏观角度而言的便利，即行政主体要为相对方提供健全的公共设施和公共物品，保证大环境对于相对方的便利。比如通过对环境的投入和对环境的治理以及对环境治理的监管，为相对方提供幽雅的适宜人居的环境。再比如通过建设或组织建设大型交通或通讯设施，为公民的生活提供便利条件，或者是对于已有的公共设施或公用物品进行有效整合，使之能发挥最大效用服务于民。二是从微观角度而言的便利，既指行政服务行为中的便利，又指行政管理行为中的便利。在行政服务行为中，行政主体所提供的各项服务要能够保证相对方便利地获取。在行政管理行为中，行政主体也要为相对方提供法律范围内的便利条件，人性化执法，寓管理于服务。如果说第一层含义是指行政主体要为公民提供生存照顾和服务的话，那么这第二层含义便是要求行政主体所提供的各项服务对公民而言都应当是便利的，是公民容易接近和获得的。这种便利不仅体现在行政服务行为中，即便是行政主体的管理行为，行政主体运用

〔1〕 参见陈新民：“服务行政及生存照顾的原始概念”，转引自陈新民：《法治国公法学原理与实践》（中），中国政法大学出版社 2007 年版，第 350～381 页。

权力的强制性行为也要在法律允许的范围内，从而为相对方提供便利。

帮助与便利作为行政惠民理念的核心要素，是源于行政主体对相对方的人文精神和人文主义关怀。这种帮助与便利通常是在行政主体自由裁量的范围内实施的。要求行政主体在实施行政行为的过程中，本着人文精神，尽可能给相对方以帮助和便利。人文精神要求行政主体尊重人的价值和尊严，做到“一切从人出发，以人为中心，把人作为观念、行为和制度的主体；人的解放和自由，人的尊严、幸福和全面发展，应当成为个人、群体、社会和政府的终极关怀；作为主体的个人和团体，应当有公平、宽容、诚信、自主、自强、自律的自觉意识和观念”。[1]行政主体为相对方提供的帮助与便利充分体现了以人为本的人文精神。

（五）保障性

保障性是指政府对公民合法权益的保障义务。这种保障义务包括两层含义：一是政府对公民基本生活的保障。政府有义务保障公民在教育、卫生保健、失业保险、老年退休金等方面的权利。政府应当保证每一个公民都感觉到自己拥有社会的完全成员资格，保障每一个公民的基本生存条件，保障每一个公民有尊严的生存。这种意义的保障是行政惠民理念中的最低限度要求。二是公民获得服务的持续稳定性和可期待性，这也是保障的本意，把保障当做名词用，是指公民具有的一种安全感

〔1〕 张文显：《法哲学范畴研究》，中国政法大学出版社 2001 年版，第 389 页。

和对政府的信心，相信其所提供的服务是永久的、可靠的。

为了满足公民对公共服务的持续稳定性之期待，行政主体应当采取多样的方式保证优质服务的供给。由此可能会涉及公共产品及公共服务的供给方式、供给主体问题。这里需要强调指出的是行政主体的惠民并非指在所有情况下行政主体“亲自”为公民提供他们所需要的服务，凡事亲力亲为在客观上是不可能的，也是不科学的。因为如果要求行政主体成为所有公共产品和公共服务的唯一供给主体，必然造成公共服务领域内的垄断，当行政主体垄断了各种服务，控制了所有社会资源，成为公共服务和民众福利唯一的供应者时，个人就再没有选择的自由，只能被动接受，我们将毫无疑问地又回到改革开放前的计划经济时代，这是一种历史的倒退。所以，行政惠民中的保障性要求公共服务提供的开放性，行政主体不是公共服务的唯一供给者，它只是公民基本生存条件的保障者，它是最低限度公共服务的供给者，至于其他公共产品和公共服务，行政主体可以为了满足公民需要而直接提供，但更多情况下它只是充当一个公共服务提供的组织者或者协调人。正如丁煌在《新公共服务——服务，而不是掌舵》一书的前言中写到：如今政府的作用在于：与私营及非营利组织一起，为社区所面临的问题寻找解决办法。其角色从控制转变为议程安排，使相关各方坐到一起，为促进公共问题的协商解决提供便利。[1] 行政主体在对公

〔1〕［美］珍妮特·V. 登哈特，罗伯特·B. 登哈特：《新公共服务——服务，而不是掌舵》，丁煌译，中国人民大学出版社 2004 年版，译者前言第 7 页。

民基本生活方面的帮助和照顾承担保障责任的基础上，更多的是担当提供公共服务的组织者。

## 四、惠民理念下行政行为的特点

行政惠民作为一种理念，是行政主体实施行政行为的思想先导，理念是一种观念和信念，是对大部分事件的最合理的解释。通过理念，我们通常能够透过复杂的表层，发现一个精确而简明的概念，继而解释事物的本质。理念还是一种关联，一个理念的转变会导致与之相关事物的一系列变迁。行政法中的惠民理念是通过行政行为来实现的，向着惠民目的的行政行为与传统的行政行为相比，会呈现出新的特点。行政行为主体角色的服务性、行政相对方对于行政行为过程的参与性、行政行为结果的授益性等体现了行政法领域内的以人为本和民主精神。在这种行政理念下，行政相对方成为行政法律关系中的主体和核心，是行政行为服务的对象。诚如美国著名的行政学家登哈特教授在阐述他的“新公共服务”理论时所言，行政官员的行为要负责、合乎道德并且符合民主原则和公共利益的期望，公民权和公共利益处于舞台的中心。〔1〕

### （一）行政主体的服务性

行政惠民理念对行政行为的影响首先表现为行政主体角色的转换。在惠民行政中，行政主体不再是管理者，而是服务提

〔1〕［美］珍妮特·V. 登哈特、罗伯特·B. 登哈特：《新公共服务——服务，而不是掌舵》，丁煌译，中国人民大学出版社2004年版，第127页。

供方，这种行政主体角色的转换是随着行政法基本理论的演进和服务行政理论的提出而逐步形成的。

19 世纪中期以前，行政法的管理论和控权论占据主流位置。在这两种理论基础上的行政法理念或者将行政过程视为管理的过程，或者将行政过程视为控权的过程，与之相应，行政主体的角色被定位于管理者（管理论）和权力行使者（控权论）。在管理论中，无论是在行政法理论界，还是在行政实务中，长时期流行的观念偏好是将行政主体置于行政相对方之上。在行政主体与公民个人之间的关系中，行政主体以保护公共利益为名而相对于行政相对方具有毋庸置疑的优越性。个人利益和个人权利在所谓的公共利益面前，也相形见绌。于是，行政主体就堂而皇之地置于行政相对方之上而成为管理者，最终，合法合理的个人权利被公共利益消解弥散了。在控权论中，行政主体不再拥有似管理行政法中那么大的权力，其行使权力的行为也被严格限定在法律明文授权的范围之内，以此来保障公民的私域不被打扰，私权不被侵犯。可以说，在保护公民权利方面，控权论比管理论前进了一大步，但是行政主体仍然没有从权力行使者的“神坛”上走下来。

其实，在当时或者是更早时期，人们已经意识到政府有义务保障公民权利的实现，只是在履行这种职责时所采用的手段不同而已。从柏拉图把政府的产生和存在当做一种善的实现，到亚里士多德提出城邦的存在是为了人类优良的生活，再到卢梭的社会契约论，都明确指出政府是为人而产生，为人而存在的，政府的价值就体现为一种人的价值，政府不可能在人的价值之外找到自身价值，政府至多不过是一种工具、手段或者是实现人的权利的某种有效组织形式。正如 J. S. 穆勒所说，“政府整个来讲只是一种手段。这一点是不需要证明的”。[1] 直至 19 世纪中后期，德国的行政法学家厄斯特·福斯多夫提出了服务行政的概念及相关理论，行政主体的服务性始得确立。福斯多夫于 1938 年发表《当作服务主体的行政》一文，明确提出了服务行政概念，认为生存照顾乃是现代行政的任务。[2] 福斯多夫在提出服务行政的概念之初，仅仅是以行政对公民的“生存照顾”为核心来建构服务行政的内容体系，所阐述的服务行政的内容比较狭窄，具有那个时代的特征。而当下的服务行政必然随着时代的进步而渐增更加丰厚的内涵，从以对公民的生存照顾为核心构建服务行政体系扩展至以让公民过有尊严的生活为中心构建服务行政的内容。由原来的权力本位转变为权利与权力平衡基础上的权利本位，强调以人为本，尊重人权，重视对公民权利的保护，确认行政主体的服务性。

强调行政主体的服务性，必须先从澄清行政主体优位的传统观念出发，行政主体也应转变自己的观念，不要动辄以行政权力吓人，以公共利益压人，应在实施行政行为的过程中，将公共利益具体化为每个相对方的利益，把相对方的个体利益抽象为公共利益来尊重、维护和保障。“对于在市场竞争中出现的社会弱势群体，不再被单纯视为个人问题，而是将之视为具有

---

〔1〕 傅小随：《中国政治体制改革的制度分析》，国家行政学院出版社 1999 年版，第 89 页。

〔2〕 陈新民：《公法学札记》，中国政法大学出版社 2001 年版，第 48 页。

社会公共性质的问题。在这种新的社会正义价值观支配下，政府承担起保障全体社会成员的基本生存需要、提供普遍性公共服务、提供社会存在发展必需的基础设施和其他职责。"[1] 在惠民行政中，强调行政主体的服务性，在我国具有特别重要的意义，它是实现行政惠民的关键。因为我国长期以来形成的"官本位"观念根深蒂固，且受前苏联影响，20 世纪 80 年代以前，管理论一直是行政法的基本理论，经济上也长期置于计划经济体制之下，行政主体的管理角色影响深远，在这种历史文化传统中要构建和谐社会，要实现行政惠民的目的，必须首先明确行政主体的服务性，才能使行政主体树立服务观念、摆正位置，在实施行政行为的过程中抛弃权力观念，为公民提供服务和便利。

（二）行政行为过程的协商性与公民参与

行政惠民的理念不仅包含行政行为的目的与结果满足给惠于民的要求，而且在行政行为的过程中也要保证公民的充分参与，惠民理念下的行政过程以沟通协商为必要。这种行政过程的协商性和公民参与一方面是保证行政行为目的的惠民性，另一方面也是惠民本身对行政行为过程的要求。也就是说惠民行政不是行政主体把自以为达致惠民要求的各种法律、法规、政策和盘托出，并以自认为惠民的方式实施行政行为就能够满足惠民的要求。惠民是体现在行政行为的全部过程中的，行政主体提供各种途径和便利条件保证公民参与权的实现是惠民的要求与体现。

---

〔1〕 于安："建设服务型政府，我国行政法亟待转型"，载《人民日报》2007 年 12 月 26 日，第 9 版。

1. 行政行为过程的协商性

行政惠民理念下对行政行为[1]的基本要求是人性化的行为方式，为了实现人性化的基本要求，必然要采取一些必要的手段促使其目的得以实现。为此，行政主体一改以往的单纯命令与强制手段，而是较多采用协商的方式，体现行政主体行政手法的柔和性。这种情况不仅在我国，在世界其他国家也是同样的。比如日本行政法学者大桥洋一在论述行政行为手法变更时指出，行政主体即使是“采用单方性的手法，但是，在德国的行政实务中，行政机关在决定作出行政行为之前，经常在行政与私人之间进行意见的交换。在我国，也经常可以看到行政机关在决定作出行政行为之前，为了使私人能够遵守该命令而同私人进行协商的现象”。[2] 由此可见，在世界范围内，协商性已经注入行政行为，尤其在行政惠民的理念下，协商性更是成为行政行为的本质特征。

行政行为过程的协商性有两个层次：一是形式意义上的协商，要求行政主体与相对方协商是行政过程中的必经程序。在实施具体行政行为之时，充分听取相对方的相关意见或建议，而且这个协商的过程是不应包含权力因素在内的，行政主体与行政相对方是作为平等的主体进行协商。因为如果权力介入其

〔1〕 此处的行政行为既包括强制性行政行为，如行政决定、行政处罚等；也包括非强制性行政行为，如行政指导、行政合同等。只是体现在强制性行政行为和非强制性行为中的协商性有所不同。

〔2〕［日］大桥洋一：《行政法学的结构性变革》，吕艳滨译，中国人民大学出版社2008年版，第7页。

中，必然会使双方地位不平等，在互有隶属关系的双方之间根本无从谈及协商，也无法想象这种协商的真实有效性。二是实质意义上的协商，即要求协商具有一定的效果，协商过程中相对方的意见能够被充分考虑并对其合理部分予以采纳。可以说这样的协商才是真正意义上的协商，这一层次也才是协商的真谛。因为就民主而言，我们需要的不仅是形式上的民主，更需要在形式民主基础上的一种实质民主，而实质意义上的协商才能够实现实质民主。

2. 行政行为过程中的公民参与

参与权是行政相对方所拥有的一项权利，惠民行政应当保证公民对行政行为过程的参与，尤其是那些与相对方切身利益密切相关的行政行为，只有保证公民的参与权，充分尊重相对方作为个体的主体性和独立性，明确相对方参与行政的权利和行政主体对此所应负担的责任和义务，才能创造互动、协调和对话的行政。相对方的参与对行政的公平与公正以及提高行政水平、和谐融洽行政主体与相对方的关系等都具有重大意义。关于相对方的参与权，我国《宪法》的第 2 条第 3 款有规定，“人民依照法律规定，通过各种途径和形式，管理国家事务，管理经济和文化事业，管理社会事务。”宪法的这一条款确认了民众参与权，并明确了民众参与的范围。从而为民众参与提供了宪法上的依据。民众参与权的实现是民主程度的一个考量指标。在当下，公众参与改变了以往的形式主义，真正做到了公众参与的目的是维护自己具体的、实际的权利和利益。而且基于不同阶层、不同领域、不同团体的公众会有不完全相同的利益，人们通过这种参与并在参与的博弈过程中，实现其利益的平衡与协调。

相对方参与的途径和方式可以是多种多样的。在不同的时期可以规定其参与的不同途径、不同形式，如通过座谈会、论证会、听证会等途径，相对方以陈述，申辩，举证和提出意见、异议的形式实现参与，或者通过信访，游行，集会途径提出批评、建议的形式以实现参与，甚至可以通过组织行业协会、社团的途径参与到规则的制定过程中来。例如，美国《阳光下的政府法》第 2 款规定：合议制行政机关必须符合该法的规定，一切会议除符合该法规定的免除公开举行的条件外，必须公开举行，允许公众观察，确立了公众出席、旁听和观看的权利。根据该法的规定，合议制行政机关还必须履行相应的程序，否则将会引起个人或组织提起的诉讼。[1]

既然相对方对行政的参与是行政民主的内容和标志，那么行政主体应当予以保障。行政主体一方面要鼓励相对方积极参与到行政过程中来，另一方面也应为相对方参与行政过程提供便利的条件，使相对方的参与权由法定权利转化为一种实然权利。对此，行政主体应承担的责任包括三个方面：

首先，行政主体要履行告知权利的义务。告知相对方所享有的参与权的范围、种类及权利行使的具体方式。相对方对自己权利的明确是其行使权利的前提。虽然在相关法律中对相对方的权利都有规定，但是我们不能强求行政相对方都是法律专

---

〔1〕 王名扬：《美国行政法》，中国法制出版社 1995 年版，第 1031 ~ 1043 页。

家，而只能要求行政机关在履行具体行政行为时，要把相对方所享有的相关的权利予以明确告知。比如在什么情况下相对方享有申请听证权、在什么情况下相对方享有陈述申辩权等，从而为相对方参与到行政过程中来提供可能性和便利条件。例如在《行政许可法》中规定，具体行政执法行为作出前，行政机关应告知行政相对人作出行政执法行为的事实、理由及依据，并告知当事人和其他利害关系人依法享有的权利。其次，行政机关要履行提供信息的义务。基于行政主体和行政相对方所处的地位不同，双方存在信息掌控的不对称性是一个不争的事实，行政机关在占有信息资源方面具有绝对的优势，所以责令行政机关要履行为行政相对方提供相关信息的义务。只有相对方掌握与其权益有利害关系的更多信息，他才能够做出比较正确的判断，切实维护自己的权利。比如我国在1996年和2003年分别通过的《行政处罚法》和《行政许可法》，确立了行政相对人参与有关行政执法行为的制度，并明确了行政机关必须将行政执法行为的依据、条件、程序等向社会公众公开，行政机关应为行政相对人参与行政执法提供必要的信息。最后，行政机关要为相对方实现参与权提供其他便利条件。所谓其他便利条件，是指行政机关在安排相关的行政活动时，要充分考虑并尽可能照顾行政相对方在时间、地点等方面的便利，并征求相对方的意见或建议，使得相对方有更多的机会能够参与其中。

行政行为过程的协商性不仅体现在非强制性行政行为中，即便是强制性行政行为，也不能忽略行政主体与相对方的协商程序。只是在强制性行政行为中，由于法律规定的严格性，这里的协商应被限缩解释为：在实施行政行为的过程中应充分听取相对方的辩解。这也是赋予相对方话语权的一种方式。在强制性行政行为中的协商通常只停留在协商的第一层次，就当下我国的情况而言，这种协商不会对结果产生影响。但是从世界范围看，在刑事诉讼中都可以存在辩诉交易，[1] 在行政强制性行为中还有什么不可以协商解决的呢？所以，就发展的观点而言，协商性在行政过程中可能会有更大的作用空间。

（三）行政主体的积极给付与有限干预

行政惠民的内涵包括了行政主体多层次和多角度为相对方提供帮助与照顾，惠及民众。因而，在行政惠民的过程中，首先涉及的便是行政主体对于公共利益或者特殊需要的给付，换句话说，行政主体的恰当积极的给付对于民众是最实际的帮助。当然，这里所强调的行政主体的积极给付行为，与传统的行政主体对公共事务大包大揽，政府既当“运动员”又当“裁判员”的干涉行政是不一样的，它并非要行政主体全方位进驻私域，它只是在特定的领域内要求行政主体积极发挥其“职责”，

---

〔1〕 辩诉交易是20世纪以来在美国发展起来的一种新的刑事诉讼模式。在19世纪早期或中期，辩诉交易是处于“地下状态”的，而如今的美国，辩诉交易已经占据刑事诉讼的主要舞台。其基本含义是指检察官和被告人（主要是通过其辩诉律师进行交易）之间进行的，在被告人作出有罪答辩的基础上，控告方会减轻指控罪，减少指控罪名，提出从轻处罚的量刑建议。从而通过交易，控方免去了审判中的证明责任，节约了司法资源；辩方获得较轻处罚的判决或者被减少了犯罪指控。交易的形式表现为控辩双方在自愿基础上经过协商达成协议。参见周娟：“辩诉交易：公法私法化的制度实践”，载中国诉讼法律网，http：//www. procedurallaw. cn/xsss/zdwz/200807/t20080724_ 51461. html，访问日期：2008 年 9 月 19 日。

服务于相对方的需要，保障并促进相对方的权益。因此，我们在强调行政主体的积极行政的同时，也要注意其行为的范围和限度，遵循有限干预原则。

1. 行政主体的积极给付行为

传统意义中的行政给付可以概括为有法律规定才予以实施的行政给付，这种行政给付之被动性和消极性不言而喻。17～19世纪，西方行政的特点就是一种消极无为式的行政。这一时期“最好的政府，最少管理”成为政府行政的重要目标，消极行政就成为政府行政的重要特点。诺齐克作为自由意志论的代表，提出“最小国家”的主张，他认为最弱意义的国家是能够证明的功能最多的国家。任何比这功能更多的国家都要侵犯人们的权利。他所称的最弱意义国家是“古典自由主义理论的守夜人国家，其功能仅限于保护所有公民不遭受暴力、盗窃、欺诈，并强制执行契约等”。[1] 这种管得最少即为最好政府的观念，要求行政权力不得越雷池一步，只就维护社会的基本秩序方面履行职责，在自由主义理论的基础上强调公民个人自由和自己责任的同时，也大大缩减了行政主体的职能范围，几乎把所有的问题，甚至包括有关正义和权利的问题，都交给看不见的市场之手或者其他潜在的市民社会的“自然”机制来掌控，而国家及其行政权力则悄然退出。

19世纪末期至20世纪50年代，资本主义创造出了比以往

〔1〕［英］韦恩·莫里森：《法理学——从古希腊到后现代》，李桂林等译，武汉大学出版社2003年版，第423页。

任何社会都要丰富的物质财富，资本主义生产方式开始由自由竞争发展为垄断。但与此同时，私有制与生产社会化之间的矛盾开始充分暴露，资本主义国家范围内频繁发生的经济危机既证明了矛盾的尖锐化，又加剧了社会经济生活的恶化。同时，社会关系日趋复杂，社会形势的变化也更趋迅速，但个人的生存能力却受到社会的严重制约。就业、教育、交通以及环境等都成为严重的社会问题。工人的罢工运动此起彼伏，无产阶级与资产阶级的矛盾日益尖锐，这对资本主义来讲都是严重的威胁。由于经济危机的频繁发生以及由此而带来的一系列社会问题，人们越发对市场这只“看不见的手”之调节的有效性产生怀疑，经济自由主义受到了前所未有的挑战，于是人们转而寄希望于国家干预，行政权力的作用范围开始拓展。此时，西方政府行政的特点是积极包揽式的政府行政。这一时期“最好的政府，最大服务”就成为政府行政的重要目标，国家由“守夜人”、“警察”变成了公民福利的包办人。“福利行政”的观念大行其道，在福利行政的观念下，政府推行公共福利，经济领域抑强扶弱，政治领域扩大民主（如实行全民公决等）。这种积极包揽式的依法行政虽然缓和了贫富对立，增进了社会的公共福利，但由于政府直接干预了社会政治、经济、文化等领域，甚至私权利的领域，导致行政权力迅速扩张，一方面会侵犯公民的个人自由和自己选择权，另一方面也挫伤了公民作为自主个体的积极性，从而使得整个社会缺乏积极进取的精神、缺乏活力。同时，由于行政权力的特点，使得这种公共物品的提供缺乏市场竞争机制，因而带来了政府工作效率低下，政府投入产出不成比例，官员寻租机会增多，滋生腐败等弊端。

在我国行政法中，传统意义的行政给付是一种狭窄层面的物质帮助，是指“行政主体在公民失业、年老、疾病或者丧失劳动能力等情况或其他特殊情况下，依照有关法律、法规、规章或政策的规定，赋予其一定的物质权益或与物质有关的权益的具体行政行为”。[1] 从这一传统的关于行政给付的概念中，我们可以确定两点：其一，这种行政给付的条件和情形都是有严格法律规定的，是标准的依法行政，在依法行政的背后，必然包含行政主体的消极行为，即只在法有规定的情形下作为，而不会积极主动为相对方提供便利；其二，这种行政给付只发生在特定的情形下和特定的相对方身上，而不会是一种普惠。这种行政给付的限定就已经束缚了行政主体的服务行为。因此，20 世纪 60 年代以来，行政改革中一个主要做法就是契约或指导式的依法行政。在提供公共服务过程中的特点表现为引入行政合同制度（也称行政契约制度），即政府官员走到“市场”去同商家签订种种合同，将某些公共服务以合同的形式承包给私人部门，打破政府垄断，鼓励和吸引私人资本投资到原来政府包揽包办的事业中。由此可见，行政主体的行为方式已经由消极转为积极。因而，本书将在较广泛意义上来理解和使用行政给付，以使其与本书的核心思想及主张——行政惠民——相契合。

---

〔1〕 姜明安主编：《行政法与行政诉讼法》，北京大学出版社、高等教育出版社 1999 年版，第 189 页。

积极给付即“指通过公共设施、公共企业等进行的社会、经济、文化性服务的提供，通过社会保障、公共扶助等进行的生活保护、保障，以及资金的交付、助成等，即通过授益性活动，积极地提高、增进国民福利的公行政活动”。[1] 很显然，这种广义的行政给付是一种积极的行政给付，是不需要相对方提出请求的给付，它包括两个维度和三个层面的给付，两个维度的给付分别指回应普通民众的一般给付和回应特殊人群的额外给付，而这种额外给付即为传统意义上的行政给付。三个层面的给付是指：一是各类基础设施的供给与提供，包括水、电、气、电话、交通等具有普惠意义的公共设施，使得民众生活更加便利；二是公共安全的提供和公共秩序的维护，包括对社会治安的整治、对安全生产的把关、对市场竞争的规制等依托行政管理职责的给付；三是为具有个性的个体提供特定目的的支持，包括直接的物质支出，如社会救助、助学金，也包括通过对特别机构——如养老院、幼儿园、医院等——的建立和扶持来回应具有特别需要的公民个体，从而保障每个人同等享受社会进步的成果和政府和谐的阳光。

积极给付与福利行政又不同。“福利行政论”是在罗斯福新政和凯恩斯主义之后兴起的。此后，各国加强了行政权力对社会生活的渗透和干预，意图达致行政权力能够全方位地为社会提供服务。“福利行政论”认为，在社会关系日益复杂的形势

---

〔1〕［日］成田赖明、荒秀、南博方等编：《现代行政法》，有斐阁 1982 年版，第 251 ~252 页。转引自杨建顺：《日本行政法通论》，中国法制出版社 1998 年版，第 329 页。

下，国家不仅应该保障个人自由，而且还应为个人提供充分的生存条件或福利保障，以促进个人幸福，并可为公共利益目的而限制个人自由。由此可见，这种福利行政论在对个人生活进行照顾及提供社会服务的同时，有可能对个人自由构成威胁，使得个人自由价值遭到一定程度的贬损。积极给付，是为行政相对方提供一种条件、一种保障或者给予某种资助和救济，使之能够享有基本生活条件或者能够享受某种便利。积极给付与福利行政的区别是显而易见的。概括地说，福利行政要比积极给付强势一些，积极给付强调了行政主体与行政相对方两方的状态，尤其强调了相对方的参与和相对方的选择；但福利行政只突出了行政主体的行为，单方面对行政主体的行为提出了要求，从而我们可以看出，福利行政与积极给付行政项下的行政相对方的地位是不同的，所以，这种区别并不单纯是表象的，而是有深刻内涵和影响的。

首先，体现行政主体与行政相对方的关系不同。在福利行政的观念中，行政权日益膨胀，已经渗透到社会生活的各个方面，对行政相对方提供了“从摇篮到坟墓”的照顾。从表面上看，行政主体承担了更多的责任与义务，而且似乎行政主体变成了单纯的义务主体，而行政相对方成为了单纯的权利主体，其实不然。在行政主体提供越来越多服务的同时，也意味着行政权的无处不在，这种公权力势力范围的扩张必然导致私权范围的缩小及对私人自由的克减。由此，掩盖其后的行政主体对行政相对方的支配性日益凸显。在积极给付行政中，一边强调行政主体的作为，一边强调相对方的参与和意思表达，是一种对过程的强调，对结果不作强求。这样，一方面，行政主体在行为上没那么强势；另一方面，行政相对方在这种情况下也会享有相应的自主权和选择权，而不会使行政主体以提供服务为名行干涉私权利之实，也不会使行政相对方的核心地位受到威胁。在这种积极给付行政中，行政主体与相对人之间的关系是一种服务与合作的信任关系。在这种关系项下，行政主体与行政相对方的地位达致一种相对平衡，即行政主体在推行福利、提供服务时要尊重相对方的人格，并充分考虑相对方的个性化需要；而行政相对方亦应提高参与的意识和水平，配合行政主体实现最大多数人的福利，从而在行政主体与行政相对方之间形成一种良性互动。狄骥认为，行政行为既然是一种服务，那么它也就“只能通过其臣民对于统治者履行他们所负职责的确信来维持自身的存在。无论这种确信是否正确，实际情况都是如此。”[1] 他说：“如果政府的权力已经走向衰落的话，它的义务仍然保留下来。每一个时代的群众都认识到，掌权者不能合法地要求服从，除非他们以履行某些职责作为回报，并且只能在他们履行这些职责的范围内要求人们服从。”[2]

其次，体现行政相对方的地位不同。行政相对方在行政法律关系中的地位一直是一个备受争议的问题。在行政法发展的不同阶段，由于行政法的理论基础不同，行政相对方的地位也

---

〔1〕［法］莱昂·狄骥：《公法的变迁·法律与国家》，郑戈、冷静译，辽海出版社、春风文艺出版社1999年版，第55页。

〔2〕［法］莱昂·狄骥：《公法的变迁·法律与国家》，郑戈、冷静译，辽海出版社、春风文艺出版社1999年版，第47页。

有所区别。在行政法管理论中，行政主体处于绝对优势地位，掌握行政权力就相当于掌管了大部分社会资源，不仅享有对行政相对方的支配权，而且在行政管理权限领域内亦享有毋庸置疑的支配权，行政相对方则沦为被管理的对象，其地位大致可概括为行政管理的客体。行政法控权论中，行政法的核心任务和主要目的是控制行政权力的行使，将之严格限定在法律的范围内，避免公权侵犯私权。行政相对方不再被视为行政管理的客体，但是也没能够成为控权行政法中行政法律关系的主体，这里谈及的仍然只是对行政主体行使行政权的行为如何规制的问题，主体仍然只有行政机关一方。在行政法的平衡论中，强调行政主体与行政相对方地位的平衡，至此，在行政法的理念中才体现出对行政相对方的考量，使得行政相对方与行政机关一道成为行政法律关系中的主体，在积极给付行政中，更是要求以行政相对方为核心，结合行政相对方的具体需求提供服务。

最后，体现行政相对方的权利不同。与行政相对方和行政主体的关系以及行政相对方的地位相关，体现在福利行政和积极给付行政中的行政相对方的权利也是不一样的。在福利行政中，行政相对方是福利的享受者，也可以理解为是行政主体提供福利的被动接受者，在接受福利的过程中很难有讨价还价的机会，也就意味着对其所接受的福利没有丝毫选择权，在行政主体所能够提供福利的种类及程度问题上也基本没有话语权，没有参与的机会。在积极给付行政中则不同，积极给付行政要求行政主体必须在充分考虑行政相对方的个性化需求的基础上，尊重相对方人格的前提下，以自己的行为主动为相对方提供服务或者某种便利。由此可见，在积极给付行政中，相对方能够享有参与权、选择权以及被尊重的权利。

2. 行政主体的有限干预

在行政惠民的理念下，确实强调行政机关的积极行政和积极作为，要求行政机关为民众提供尽可能多的便利与服务，但这并不意味着行政机关对相对方实行“家长式”的护佑，因为这种无处不在又无所不能的行政权会毫无疑问地损伤自由。所以，包括服务行政在内的所有行政行为都应有一定的限度，为相对方保留必要的选择机会和空间，在行政行为中仍然要遵循有限干预。所谓有限干预是指行政主体在行使行政职能管理和服务社会生活的过程中，其介入的广度和深度均要予以限缩和节制。行政主体的职能会在各个行业发挥作用，概括而言，行政行为多数会在公共领域内有所作为，而在私人领域内的行政行为就应当退居二线，作为民众权益保障的一种备用机制，常态是隐而不发，只是作为一种救济手段，在有需要时予以启动。套用《圣经》的一句话“上帝的归上帝，恺撒的归恺撒”，即“行政的归行政，民众的归民众”。

有限干预和当下奉行的有限政府理念是相辅相承的。有限政府的要求即是政府只应做好分内的事情，不能企望做一个全能型政府，那种包打天下的政府是不可欲的，也是不可行的。19 世纪英国著名的政治思想家约翰·穆勒就主张有限政府干预，并由此展开了对新自由主义政府干预理论这一问题的有益探讨。密尔认为：“一般说来，生活中的事务最好由那些具有直接利害关系的人自由地去做，无论是法令还是政府官员都不应对其加以控制和干预，那些这样做的人或其中的某些人，很可能比政府更清楚采用什么手段可以达到他们的目的。"〔1〕这充分表达了穆勒对个人自由的追求和向往。同时，他还认为："无论我们信奉什么样的社会联合理论，也无论我们生活在什么制度下，每个人都享有一个活动范围，这一范围是政府不应加以侵犯的……只要稍许尊重人类自由和尊严的人都不会怀疑，人类生活中确实应该有这样一种受到保护的、不受干预的神圣空间。"〔2〕由此可见，行政主体和公民是有自己的舞台和作用空间的，超出了这个范围即属越权，越权的行为无效。尤其在贯彻行政惠民理念的过程中，因为惠民理念要求行政主体的积极行政，但是积极行政也是有界限的，越此界限，惠民就变成了扰民。

综上，在行政惠民的理念中，行政机关要积极行政为民众提供各种服务、帮助和便利，需要行政权力介入的场域，行政权力不能缺位。比如对生活窘迫的人予以救济、提供平等的受教育权和维护良好的环境等。这都是行政机关实施干预的表现，也是需要行政机关予以介入和干预并提供公共服务的领域。但是，随着有限政府理念的日益深入人心，与之密切相关的有限行政干预也呼之欲出。这种行政干预的有限性要求体现在两个方面：一是行政干预要被控制在恰好的广度和深度内。由于行

〔1〕［英］约翰·穆勒：《政治经济学原理——及其在社会哲学上的若干应用》（下卷），胡企林、朱泱等译，商务印书馆1991年版，第542页。

〔2〕［英］约翰·穆勒：《政治经济学原理——及其在社会哲学上的若干应用》（下卷），胡企林、朱泱等译，商务印书馆1991年版，第531页。

政权力所具有的扩张本性，在现代行政中必然首先遭遇的问题就是行政权力作为一种公权力的行使界限问题，如果不能掌控行政权力的界限，很容易导致行政权力对私权利的侵扰和替代，概括地说就是要求行政权力的行使要有一个度，要恰到好处，不能越位，更不能代位行使公民权。不能替代民众去选择，只能为其提供必要的权利保障和行使权利的条件，保障相对方在意志自由的情形下有选择地实现权利，从而体现相对方的核心地位。二是行政干预只能作为“退而求其次”的补充方案而存在。行政干预的有限性除了表现在其干预的范围方面，还应当表现在行政权与公民权二者谁为优位这一问题上。引用2004年国务院《全面推进依法行政实施纲要》中的一段话，或许能更准确的表达这一思想：“凡是公民、法人和其他组织能够自主解决的、市场竞争机制能够调节的、行业组织或中介机构通过自律能够解决的事项，除法律另有规定的外，行政机关不要通过行政管理去解决。”这一段话充分体现了行政干预的这种补充和辅助作用，从而做到在不缺位基础上的不越位。

（四）行政行为结果的授益性与损失补偿性

惠民理念下的行政行为的终极目的是服务于民、给惠于民。与此相应的行政行为后果通常具有授益性，当然，部分行政行为的直接后果对相对方而言是一种侵益，比如行政处罚、行政强制等。但是除却实施违法行为的相对方，这类行政行为对其他公民的授益性是毋庸置疑的。因为违法行为具有社会危害性、会侵犯他人的合法权益是一个不争的事实，行政主体对此采取的禁止和惩罚措施间接地为合法权益提供保护，比如对环境污染主体的处罚、对生产或销售假冒伪劣商品的主体采取强制措施等都是对合法权益的一种保护，其行为的授益性是不可否认的。惠民理念下的行政主体是负责任的主体，其给惠于民的行为贯穿于行政行为的始终，既包括行政行为过程中的惠民，也包括行政行为的惠民结果，在惠民结果中既有行政主体为公民提供的服务与便利，也有因行政行为或者其他法定原因致公民损害给予的补偿，后者是行政主体对公民遭遇不利后果的一种补救，行政主体及时的、足额的补偿也是其惠民的一种方式。所以，在惠民理念下的行政行为当然具有损失补偿性。

1. 行政行为结果的授益性

行政行为结果的授益性是指行政行为直接或间接给民众提供的服务、便利或者合法权益的保护。所谓直接授益是行政行为本身的性质即为授益性行为，如行政奖励、行政指导等。行为的直接后果即为相对方提供了某种服务或者便利。所谓间接授益是行政行为本身的性质为侵益性行为，如行政处罚、行政强制等。行政行为的直接后果是对相对方行为的限制、利益的克减或者权益的剥夺，间接后果是保护其他民众的合法权益。所以，行政行为结果的授益性要与行政行为的性质区别开来。行政行为的性质有授益和侵益两种，但在行政惠民理念下行政行为的结果均为授益性。行政行为的这一特点也使之与管理行政和控权行政中的行政行为相区别。在管理行政中，行政行为的结果是对一种良好秩序的维护，其关注的焦点在于社会秩序和管理效果，是否能够给相对方或其他公众带来便利根本不在其考虑的范围内。在控权行政中，行政行为的结果不侵犯私域和私权，是典型的消极行政，行政权力被严格限制在法律的明文规定中，所以根本不可能指望行政主体会实施积极的行政行为为公众提供服务，其所关注的焦点在于行政权力的规范行使，而不会考虑行政相对方或公众是否会因其行政行为受益的问题。只有在惠民行政中，行政行为的惠民目的和行政主体的服务精神都保证了行政行为的结果具有授益性。

2. 行政行为结果的损失补偿性

本书中的损失补偿属于行政补偿。行政补偿，是指行政主体（主要是国家机关）管理国家和公共事务过程中的合法行为，使本不应该承担法律责任的公民、法人或其他社会组织的合法权益遭受特别损失，国家基于当事人事前的协商一致以及公平合理的原则，根据法律、法规的规定，从经济、生活、工作或安置等方面对其所受损失予以适当补偿的过程或制度。[1] 即行政补偿针对行政主体的合法行政行为使相对方遭受特别损失时，由行政主体承担行为后果，对相对方予以补偿。行政主体对行政行为所致的损失予以补偿既是惠民理念的要求，也是人权保障的需要。因为保障人权是民主国家的基本目标和重要任务之一，当公民受到其他公民和组织的侵害时，国家有责任使其得到赔偿并依法对侵权人予以惩处；而当公民受到国家的侵害时，国家当然更有责任对公民受到的损失或损害给予补偿或赔偿。行政补偿观念是在人权观念日渐彰显下的民主立宪国家中产生

〔1〕 胡锦光、杨建顺、李元起：《行政法专题研究》，中国人民大学出版社1998年版，第385页。

的，最初源于宪法保障财产权的规定。可以这么说，没有人权保障观念，没有私有财产不可侵犯的规定就不可能产生行政补偿制度。[1] 人权是人作为人享有或应该享有的权利，是“人”按其本质应该享有的基本权利和自由。人权从享有权利的角度涵盖了人与人之间的平等。人权保障理念之所以能够成为行政损失补偿的理论依据在于人权对于社会公权力所具有的优越性和优先性。因为人的存在是一切社会团体、组织和政府存在的基础，因此现实的、具体的、特殊的个体的人始终在事实上和逻辑上优先于、优越于任何形式的社会和国家，也正因为如此，人权也就自然而然地是一切社会公权力的基础，人权也就当然地优先于、优越于任何社会公权力。[2] 所以，人权保障原则强调的是对于公民基本权利的尊重和保护，而且人权具有绝对的优越性，那么即使是合法的行政行为，如果侵犯了公民的合法权益并造成了损失，予以补偿是正当的，这与“有损失即有补偿”的基本原则也是一致的。

（五）行政的自我控制性

行政惠民作为一种理念，首先要求内化于行政主体的意识和思维中，与行政主体的惠民理念和惠民目的紧密联系在一起的是行政自我控制性。行政自我控制既是行政惠民理念的特点，同时又是实现惠民目标的保障。

---

〔1〕 姜明安主编：《行政法与行政诉讼法》，北京大学出版社、高等教育出版社 2005 年版，第 713 ~ 726 页。

〔2〕 张文显主编：《马克思主义法理学——理论、方法和前沿》，高等教育出版社 2003 年版，第 306 页。

行政主体拥有行政自由裁量权是一个不争的事实，在理论和实践中均已被认可。尤其在当下社会、经济、文化等各项事业迅猛发展的过程中，法律规定的滞后性、社会实践的丰富性以及行政目标的复杂性都导致行政主体的自由裁量权之不可或缺并不能减损，甚至为了改革与发展，为了探索新的路径可能还会补强行政主体的自由裁量权。这种自由裁量权非我国行政主体专有，各国都赋予其行政主体一定的自由裁量权，格里根（D. J. Galligan）早在20世纪80年代就提出："国家力图通过立法实现的目标是如此复杂，以致无法通过适用一般规则来有效地实现。最好的方法是确定宪法的政策目标，并通过政府的裁量行为实现它"。[1] 行政自由裁量权的存在是必然的，但是这种所谓的"自由裁量"并非真正的自由，仍然是有一定的规制的，所以行政法中要求行政权行使的适当性，即在行政主体的自由裁量限制内只有一种裁量的结果是最适当的，如何保证在行政主体行使行政权力时能够找到这一最适当的结果就是对行政权力的一种规制艺术及规制的目标。

与行政自由裁量的必然存在同样不能忽视的还有行政自由裁量权的司法豁免性，即司法机关对于行政机关的自由裁量行为不得予以干涉，行政行为的适当性不受司法审查（除行政处罚显失公正一种情况之外），虽有行政复议作为一种行政系统内部对行政行为的合法性与适当性予以监督的机制，但是当下行

---

〔1〕 D. J. Galligan, *Discretionary Powers — A Legal Study of Official Discretion*, Clarendon Press Oxford, 1986, pp. 81 ~82.

政复议的实效却不容乐观。那么在行政复议“疲软”、司法权力不能介入的情况下，如何规制行政自由裁量权成了规范行政权力的一个焦点，行政自制理论提出了行政法中一个新的理论命题和一种规范行政自由裁量权的新路径，行政自制理论通过行政主体的“自我预防、自我发现、自我遏制、自我纠错”等一系列机制，借助行政主体的自觉和自醒达致规范行政权力行使及行政行为的目的。

行政自制必要而又可欲，究竟采取什么方式能够实现行政自制是一个关键性的问题。行政自制要求行政主体“自我预防、自我发现、自我遏制与自我纠错”，但是并非意味着行政自制的实现完全依靠行政主体的“自觉”就能够实现，如果不想把行政自制仅仅作为一种口号，仍然需要进行具体的制度建构保障行政自制得以实现。又因为行政自制作为一种行政主体的自我控制机制必然要同时强调包括行政主体的内因在内的内外两个方面。

1. 树立行政主体的自制观念

一直以来，依法行政是对行政主体行使行政权力的最基本要求，其实依法行政本身就涵盖了要求行政主体对自身的权力行为予以制约，将之限定在法律允许的范围之内，当然也包括行政主体的行为方式符合程序法的规定。行政主体的这种将自身行为限定在实体法和程序法规定的范围之内的行为即是自制的一种表现。但是遗憾的是，长久以来，我们并没有挖掘“依法行政”要求行政主体自制的内涵，多数情况下将之作为一种外化的行为标准和要求，对行政主体是否依法行政，更多情况下是通过外部监督或者外部的判断来认定。然而行政自制作为惠民的特点和保障，首先要求行政主体自身的认同和遵守，所以必须树立行政主体的自制观念，使行政主体在主观上认识到依法行政的决定性因素在自身及其行使的公权力本身，行政主体要认识到自身有义务并有能力自我规制，满足依法行政的要求，而不是单纯依靠外部的监督与制约。只有这样，才能够为行政自制的实现提供可能。

2. 实施行政内部分权

行政自制并非完全能够依靠行政主体的“自觉”实现，所以，还需要有能够为行政自制提供保障的制度性安排，即行政内部分权。当下深圳市的改革内容之一即在行政内部进行分权，将行政权力分为决策权、执行权与监督权三种权力，将这三种权力配置给不同的行政主体拥有和行使，实现行政权力的决策权、执行权与监督权相互制约又相互协调统一行使，从而保证行政权力行使的合法性、合理性、专业性。这种行政主体内部的分权机制与行政自制的理念相同，是实现行政主体自制的一个有效路径。但是分权并非越细越好，否则会重新陷入在行政改革的过程中以精减为目的的行政机构臃肿和权力膨胀的怪圈与泥潭，这与《国家十二五规划纲要》的目标相悖。而且这种分权以行政主体的自我规制为目的，将决策、执行与监督权力分开，达致行政主体“自己不做自己的法官”的基本要求，因为权力运行过程中的分权与相互制约，使得行政权力没有被滥用的可能，最终以行政主体自我规制的方式达致惠民目的。

第三章

# 行政惠民理念的生成条件及价值分析

我国自20世纪70年代开始的改革顺应了世界潮流，通过经济体制改革确立了市场经济体制的主体地位，使得改变计划经济体制下的国家“统管”状况成为可能。同时，市场经济对自主主体的呼唤培养了公民的参与意识，为其参与行政过程、行使权利提供了经济上的条件。通过政治体制改革转变了国家职能，使之由管理为主过渡到服务优位，政府机构改革精减和重构了行政组织体系，从而为服务于民、给惠于民的理念准备了政治上的条件。当下，我们关于构建服务型政府与和谐社会的目标和实践更为行政惠民理念的生成提供了良好的社会背景和契机。

## 一、行政惠民理念的生成条件

任何一种理念的产生，都需要一定的社会条件，需要有适合其生存的土壤，何况理念也不是凭空而来，一定是在社会生活过程中随着经济物质生活条件的变化逐渐积淀而成。当社会的政治、经济、物质文化各方面发展到一个新的阶段，自然会产生与之相适应的新理念。当下提出行政惠民的理念，不仅有包括平衡论、公共服务论、公民权理论在内的较为充分的理论依据，而且还具有相应的社会条件作为其生成的土壤。概括来讲，行政惠民理念产生的现实条件主要包括以下几个方面：

### （一）市场经济体制的建立为行政惠民理念的生成准备了经济条件

经济基础总是为上层建筑服务的，而上层建筑又总是与一定的经济基础相适应。我国自 1978 年改革开放以来，在经济领域内的重大变革即由计划经济体制向市场经济体制转轨，自 1992 年中共十四大正式将建立社会主义市场经济体制作为改革的经济目标至今，我国的社会主义市场经济体制已经初步建立，由此带来了一系列政治上层建筑方面的变化。

#### 1. 市场经济体制催生服务型政府观念

市场经济体制的核心是市场作为资源配置的主要方式和基本手段，改变了计划经济体制下由全能的政府进行社会资源予以配置的模式，由此开始了改写政府职能的新篇章。在计划经济体制中，政府强权管理社会经济发展，安排具体经济活动，完全是以管理者的身份出现在经济领域。表现为国家及政府权力的无边界性及对社会的全面控制。而市场经济要求政府从经济竞争领域内退出，而且要求政府还权于社会、放权于市场，政府不再是一个经济的管理者，不再对资源配置起基础性作用，经济运行主要由市场来调节，政府的作用主要是弥补市场的内在缺陷和不足，起一种补充性和辅助性的作用。政府是经济发展的服务员，其职能表现为：克服由垄断、公共物品、外部效应等造成的市场失效问题，保持宏观经济的稳定和增长等。由此可见，市场经济体制的确立和发展，为转变政府职能提供了赖以存在的经济基础。为了适应市场经济发展的需要，政府由一个管理者变成了一个服务者，是市场经济催生了服务型政府的观念，为行政惠民理念的生成提供了先决条件。

2. 市场经济体制强化人的主体性

市场经济强调平等主体之间的平等竞争。而这不仅需要平等竞争的框架和规则，更重要的是需要真正处于平等地位的独立主体。首先，只有在市场经济体制之下，才会存在处于平等地位的主体，因为在计划经济体制下，政府不仅管理经济，同时也参与经济活动，使市场中的主体并非完全处于平等地位，政府依凭其所掌握的资源和权力在竞争中会毫无悬念地胜出，立于不败之地。市场经济否认了政府参与竞争的主体资格，从而保证了竞争主体的平等性；其次，只有在市场经济体制之下，才可能造就独立的市场主体。此处的独立主体特指具有独立财产、参与市场竞争的主体。因为市场竞争强调自己责任，所以必须明晰市场主体的产权。而产权主体的独立和经济主体的自主是个人独立和自由的先决条件。所以，只有在市场经济体制条件下，独立自由的主体才是可欲的。社会中的自然人、法人或者其他组织成为独立自主的个体，才能够以主体的身份参与到国家社会事务中，参与到行政过程中，并保证其参与的有效性。市场经济对人的主体性的强调与尊重为公民参与行政和公民权意识的形成奠定了基础，同时也为关注和保护公民的权利打开了一个视窗，从而为行政惠民理念的生成提供了条件。

3. 市场经济体制要求柔和的行政手段

在市场经济体制中，出现主体利益多元化趋势，传统的“一刀切”式的高权行政已经无法回应多元的利益需求。而且，在涉及调解解决市场主体之间某些方面纠纷的过程中，行政主体也无权直接发号施令。故那种单纯的命令—服从的管理模式早已陈旧过时失去立足之地。非强制行政行为的应运而生并取代一部分强制行政行为势所必然。[1] 可以说，市场经济的发展推动了政府行政手段的多样化和复杂化，行政手段不再限于行政命令、行政处罚、行政征收等强制性手段，大量的非强制行政行为，诸如具有利益导向性的行政指导、注入契约精神的行政合同，带有激励性质的行政奖励，属于纯粹提供服务和给予帮助的行政给付、信息提供等行政手段不一而足，虽然手段方式各异，但是都体现了行政主体态度的一种转变，即变管理为服务、变强制为协商、变指令为指导。市场经济体制下行政手段的变化均体现了行政惠民理念的要求，从这个意义上说，是市场经济体制的建立助成了行政惠民理念的产生。

（二）政府机构改革为行政惠民理念的生成准备了政治条件

行政惠民理念要求的是具有民主精神的服务型政府。我国自 1982 年开始的几次政府机构改革，不断地精减政府人员、调

〔1〕 崔卓兰：“试论非强制行政行为”，载《吉林大学社会科学学报》1998 年第 5 期。

整和转变政府职能、转变行政观念，在一步步向服务型政府靠近，从而在政治方面为行政惠民理念的产生准备了条件。

1. 政府调整机构和精减人员，为行政惠民理念的产生提供了条件

在20世纪80年代初，与经济体制改革同时进行的还有政治体制改革，[1] 二者一道为我国迈入民主法治社会奠定了基础。我国传统的政府机构设置与政府职能相对应，机构臃肿，人浮于事，效率低下。因为传统的政府是全能政府，对社会事务大包大揽，所有的事务都归政府管，由此造就了一大批“官僚”。因为他们是“官”，职责是“管理”，他们是行使管理权力的，相对方是他们的被管理对象。所以不可能指望行政主体会为相对方服务。此后我们进行的一系列政府机构改革，提高了行政主体公务人员的素质、重组行政机构的设置、精减行政机构的

〔1〕 在政治体制改革中最重要的是政府机构改革，自1982年至今，我国共进行了6次政府机构改革：1982年进行的第一次政府机构改革实现了干部年轻化。1988年的机构改革认识到转变政府职能在机构改革中的重要性。1993年的机构改革是以构建社会主义市场经济体制为基础的，并决定将中纪委机关与监察部合署办公，这个合署办公的方案不仅精减了人员，而且为统筹党政机构设置找到新的路径。1998年的政府机构改革是力度较大、效果较好的一次。在精减行政人员和转变政府职能方面迈出了一大步，撤销了几乎所有的工业专业经济部门，包括电力工业部、煤炭工业部、冶金工业部、机械工业部、电子工业部等10个工业专业经济部门。从而为政企分开奠定了组织基础。2003年的机构改革是在我国加入世界贸易组织的背景下进行的。改革目标是：逐步形成行为规范、运转协调、公正透明、廉洁高效的行政管理体制。此后，就是当下进行的政府机构改革，明确了改革是向着构建服务型政府的方向进行，要体现以人为本，保障和实现人的基本权利，重点解决各种民生问题。同时还要改变行政行为方式，寓管理于服务之中，要给惠于民，为社会公众服务。

人员，为政府转变职能、变管理为服务提供了组织上的条件。

在政府进行机构改革的过程中，还不断地将改革成果法制化，即通过立法的方式固化改革成果。比如《行政许可法》的颁布，规制了行政许可行为，把政府经济管理职能转到主要为市场主体服务和创造良好发展环境上来；又颁布了《公务员法》，规范公务员的录用及管理机制，建立公开、公正、科学的考核、评价和奖惩等机制，完善身份保障与责任追究机制，为提高整个公务员队伍素质奠定了基础。因为无论是政府职能转变，还是行政模式的转变，最终要落实到人的身上，最终是指相关人员的观念和工作作风的转变，以提高人员素质为前提，以法律制度为保障。经历这几次政府机构改革，行政机关的组织架构更加合理、行政人员的数量精简、素质不断提升、相关的法律制度逐渐完善。所有这一切，最终使行政主体树立了服务观念，提高了行政工作效率，为行政惠民理念的产生提供了主体条件；行政机构设置扫除了发挥服务职能的障碍，为行政惠民理念的产生提供了组织上的条件；法律法规为行政惠民理念的产生提供了法律依据，为行政惠民理念的产生提供了制度上的条件。

2. 政府职能的转换为行政惠民理念的生成提供了条件

行政惠民理念的核心问题之一是政府职能的转变，即由政府对民众的管制转为政府更多的为民众提供服务。关于政府职能转变问题，我国和西方各国有不同的进路。西方各国是经历了一个小政府——大政府——有限政府的进路，我国直接实现由大政府——有限政府的转变。在西方各国，20 世纪早期，由于市场失灵使人们转而求助于政府，西方各国政府都为此而大大扩充其行政疆域，将行政职能扩至社会生活领域，对传统的私域实施干预。[1] 由此，最小政府，即诺齐克所谓的“最弱意义的国家”转变为大政府，扬弃经济自由主义，转而由国家对经济和社会生活予以必要的干预，政府被定位为有限政府。

新中国成立以来一直实行计划经济，政府管理的事务极其宽泛，我们的问题不是市场失灵，而是政府越位，在这种全能政府的模式下，政府被假定为有能力解决一切事务，俨然以“家长”身份出现，对一切事务进行“安排”和“管理”，从而使之有序，是政府的职责所在。公民只能服从和接受，少有表达的机会，更没有就公共事务与政府协商的可能，哪怕是关涉自身利益的事情。公民完全是被动的。显见这种背景下行政法的理念只能是管理，没有其他。直至 20 世纪后期，国家进行改革，逐步对行政职责进行调整，解决政府的越位和缺位问题，政府已经逐渐还权于市场、让权于社会。把政府管不好也不该管的事务让给市场和社会，在平等竞争和社会自治的过程中形成一种被公众所认可和接受的秩序，政府则在自己擅长的领域、职责应当作用的范围去提供服务、发挥作用。在 2004 年 3 月 22 日国务院发布的《全面推进依法行政实施纲要》中比较准确地

〔1〕 新扩充的行政领域主要包括：干预经济，对经济活动进行规制；调控国内国际贸易、管理国内国际金融；举办社会福利和社会保险；管理教育、文化和医疗卫生；保护知识产权；保护、开发和利用资源；控制环境污染和改善人类生活、生态环境；监控产品质量和保护消费者权益；管理城市规划和乡镇建设；直接组织大型工程建设和经营、管理国有企业；等等。参见姜明安主编：《行政法与行政诉讼法》，北京大学出版社、高等教育出版社 2005 年版，第 4、99 ~ 101 页。

定位了政府的职责范围，也划定了行政主体的职能。实施纲要提出了“推进政企分开、政事分开，实行政府公共管理职能与政府履行出资人职能分开，充分发挥市场在资源配置中的基础性作用”的原则。从而改变全能政府的姿态，把政府职能定位在公共管理，充分发挥市场对资源配置的主导作用；但是即便是实行市场经济，政府也不可能甩手不管，完全放任市场调节。因为完全依靠个人自治、市场机制和社会自我调节不能实现社会公平正义，积极的国家作用被认为是克服市场缺陷和推进社会正义的选择。德国的行政法学教授乌尔海希·巴迪斯对此分析道：“有一点是肯定的，那就是市场机制没有能力在所有的情况下或对每一种财产都提供正义性的利益平衡。公共福利不可能依靠个人自由自动出现，而是必须在自由的条件下以积极的作为才能得到。平等自由取决于对个人自治的限制和重新分配财富。与消灭等级制封建制度对个人发展的障碍以及国家的强迫权和解放生产力相反，这个任务当然不能通过限制国家来得到解决，而只能使用国家权力得以实现。”[1] 2005 年 3 月全国人大十届三次会议上，又把政府职能调整为服务于民，更加注重社会管理和公共服务，把财力物力等公共资源更多地向社会管理和公共服务倾斜，提出要“努力建设服务型政府，创新政府管理方式，寓管理于服务之中，更好地为基层、企业和社会

〔1〕［德］乌尔海希·巴迪斯：《德国行政法读本》，于安译，高等教育出版社 2005 年版，第 49 页。转引自于安：“论社会行政法”，载《现代法学》2007 年第 5 期。

公众服务”。[1] 由此，我国政府职能最终定位于给惠于民和服务于民的维度，为行政惠民理念的产生奠定了前提条件，使行政惠民理念的实现具有现实可行性。

### （三）权利意识的萌生为行政惠民理念的生成准备了思想条件

公民积极参与行政、表达意志是行政惠民理念实现的前提。因为惠民理念要求行政主体“体察民情”，了解公民的需求，从而使其提供的服务行为更具有回应性和针对性；而权利意识和公民精神又是公民积极参与行政的前提。因为行政惠民理念要依赖于公众的配合和积极参与，所以，公民精神的形成和权利意识的普及对行政惠民理念的产生至关重要。权利意识强调对权利的尊重和保护，它的萌生对行政主体和相对方的心态及行为均会产生重要影响。首先，就行政主体而言，有了权利意识，行政主体在实施行政行为的过程中，会以公民权利作为其权力的界限、会以保护和增进公民权利为其行为的最终目的；其次，就行政相对方而言，有了权利意识，他会以“权利”的思维决策并行为，会积极行使权利，并主动要求行政主体保障其权利的实现，这为行政惠民理念的生成准备了思想条件。而在“权利意识”萌生之前，既不存在行政主体对权利的尊重意识，也不存在相对方对自身权利的积极追求，由于不具备思想方面的条件，行政惠民观念根本无从产生。

在我国，改革开放前，我国法学研究的范式是“以阶级斗

---

〔1〕 参见十届人大三次会议上温家宝总理作的政府工作报告。

争为纲范式”，在这种范式影响下，强调“规则模式论”，以“规则”或“规范”为核心范畴，把法归结于统治阶级的国家制定的一套规则，用规则模式去观察和思考法律现象，法成为凌驾于社会之上、凭借统治阶级的国家暴力支配社会成员的力量，是限制人的框框，制裁人的武器，人成了纯粹的法的客体。同时，“把法的价值定位在阶级统治和秩序上”，所以，在权利义务的关系上，更强调义务，是一种“义务本位的价值观”，〔1〕在这种价值观念的影响下，人的主体性和积极性完全被抛弃，取而代之的是人成为客体和对象。在这种思维模式支配下，不要说政府会将其职能定位于服务，就连公民自身也根本不可能要求权利，因为他没有权利意识，只有义务观念。改革开放后，随着把“以阶级斗争为纲”转移到“社会主义现代化建设”中来的决策，“权利本位论”逐步形成，权利观念也逐渐被人们所接受并深入人心，公民的权利意识逐渐形成并不断增强，并且其在强化公民主张自身权利的同时，也表征了公民对国家事务的参与愿望。这种公民权意识与美国著名的公共行政学教授乔治·弗雷德里克森的“公民精神”很相似，均指公民参与公共事务并在其中发挥作用，正如弗雷德里克森教授所言：公众通过参加城镇的会议，参加预备役，从事中西部谷仓建设及其他集体行动，在公共事务中发挥着作用。〔2〕 从公民自身的角度而

---

〔1〕 参见张文显：《法哲学范畴研究》，中国政法大学出版社 2001 年版，第 374～378 页。

〔2〕［美］乔治·弗雷德里克森：《公共行政的精神》，张成福等译，中国人民大学出版社 2003 年版，第 12～13 页。

言，公民权利意识的形成及发展，使之认识到自己的权利及主张权利的方式，甚至可以说，有了这种公民意识，公民会自觉提高主张权利和参政议政的能力，从而更好地表达意愿、发挥作用并享有权利。同时，公民的积极参与配合了行政主体服务于民的目标，也为行政惠民理念的产生提供了思想上的条件。

（四）构建和谐社会的目标为行政惠民理念的生成提供了契机

当下，我国构建和谐社会的目标及实践创造了一个良好的社会氛围，在这一目标背景下，以社会和谐为核心实施的各种诸如缓和社会冲突与矛盾、推行民主观念和制度、强调行政主体给惠于民等行为，与行政惠民理念都是不谋而合的。

进入21世纪后，我国沿着改革开放的道路继续前行，在经济建设取得初步成效、政府职能得以基本转变的前提下，又探索如何构建更美好的社会并让人们能够共享改革开放的成果，在中共十六大报告中，指出我们要努力建立“各尽所能，各得其所，和谐相处”的社会关系，其中的小康社会的目标中也将“社会更加和谐”作为一个判准，表示出政府对于构建“和谐社会”的初步目标，在此后的十六届三中、四中全会，从全面建设小康社会、开创中国特色社会主义事业新局面的全局出发，明确提出构建社会主义和谐社会的战略任务，在十六届四中全会《中共中央关于加强党的执政能力建设的决定》中首次完整提出“构建社会主义和谐社会”的概念，并将其列为中国共产党全面提高执政能力的五大能力之一。

首先，和谐社会的内涵与行政惠民理念的要求相一致。胡锦涛主席在中央党校的一次讲话中，概括了和谐社会的内涵：民主法治、公平正义、诚信友爱、充满活力、人与自然和谐相处。其中民主法治就是社会主义民主得到充分发扬，依法治国基本方略得到切实落实，各方面积极因素得到广泛调动。行政惠民理念首先强调的就是民主，是对相对方权利的保障、是行政主体的积极行政与相对方的积极参与。公平正义就是社会各方面的利益关系得到妥善协调，人民内部矛盾和其他社会矛盾得到正确处理，社会公平和正义得到切实维护和实现，行政惠民理念要求的行政主体对公民的照顾和帮助义务体现出要维续社会的公平与正义，保证每个人有尊严的生活。诚信友爱就是全社会互帮互助、诚实守信，全体人民平等友爱、融洽相处。这种诚信友爱的社会氛围为惠民理念的实现提供了前提条件。充满活力就是能够使一切有利于社会进步的创造愿望得到尊重，创造活动得到支持，创造才能得到发挥，创造成果得到肯定。充满活力的社会是认可差异的社会，是应对利益和需求多元化求同存异的社会，行政惠民理念也是要求行政主体在考虑公民个性化需求基础上提供服务。安定有序就是社会组织机制健全，社会管理完善，社会秩序良好，人民群众安居乐业，社会保持安定团结。社会安定和有序是行政主体为公民提供“生存照顾”的前提。人与自然和谐相处就是生产发展，生活富裕，生态良好。提供良好的生存环境也是行政惠民理念题中应有之义。所以，和谐社会的内涵与行政惠民理念的要求是相契合的，在构建和谐社会的实践中当然会催生行政惠民理念。

其次，和谐社会的目标与行政惠民理念的目标是一致的。

在《中共中央关于构建社会主义和谐社会若干重大问题的决定》中指出，目前影响社会和谐的矛盾和问题主要是：城乡、区域、经济社会发展很不平衡，人口资源环境压力加大；就业、社会保障、收入分配、教育医疗、住房、安全生产、社会治安等方面关系群众切身利益的问题比较突出……和谐社会的目标和任务包括：人民的权益得到切实尊重和保障，政府管理和服务水平有较大提高。……和谐社会的首要原则即为必须坚持以人为本。[1] 由此可见，尊重、保障并增进人民的权益是和谐社会所追求的核心目标之一，这在构建和谐社会的目标和原则中都已经有所体现。而强调以人为本，突出对公民的照顾和服务也是行政惠民理念的核心；同时，将行政主体工作重点放在解决资源环境、就业、社会保障等民生问题方面的要求与行政惠民理念的基本要求也是相契合的。在和谐社会目标的建设中，强调政府或者行政主体的善治。所谓善治就是使公共利益最大化的社会管理过程和管理活动。善治的本质特征体现在合作方面，是在合作基础上的互动性治理，是在公民广泛参与下的合作管理，并在合作与意见一致的基础上，达致行政主体与相对方关系的融洽与和谐。而且，在和谐社会的构建过程中，保证善治是最关键的一环，因为所有的人、所有的事务及所有的关系都存在于公共治理的过程中，保证公共治理的和谐（善治），才有可能使存在于其中的各种因素和谐。构建和谐社会的目标与行

---

〔1〕“中共中央关于构建社会主义和谐社会若干重大问题的决定”，载《法制日报》2006年10月19日，第1版。

政惠民理念具有诸多一致性，所以，可以说，构建和谐社会的实践，为行政惠民理念的产生及形成提供了一个绝佳的契机。

## 二、行政惠民理念的价值分析

行政惠民理念作为行政法的新理念，强调行政权力对相对方权利的尊重、保障和增进，强调了行政主体对相对方的帮助与照顾、提供服务与给予便利。这种理念强化了行政主体的服务意识，明确了行政行为的终极目的，充分彰显了以人为本的观念，优化了行政权的行使，提高了行政行为质量，塑造了和谐社会中和谐的官民关系，并为行政法自身定位找准了方向。行政惠民理念对行政法理论和实践均具有重大意义。

### （一）行政惠民理念提供了和谐官民关系的新模式

官民关系和谐是社会和谐的重要一环。但是究竟如何构建和谐社会、如何实现和谐的官民关系是我们一直在探索的问题。行政惠民理念的核心是树立行政主体的服务精神、为公民提供生存照顾。由此可见，行政惠民理念中所包含的行政主体照顾、帮助相对方，为相对方权利提供保护的要求提供了官民关系和谐的一种新模式。

官民关系和谐首先要求主体之间的利益关系和谐，利益配置合理。利益在法律中通常是以权利的方式体现的。行政主体权力与相对方权利是行政法调整的核心，而权力或权利，如果不同利益联结在一起，就失却实际意义。据此，行政法对行政权、相对方权利加以配置，究其实质而言是一种对公共利益与个人利益的分配。[1] 如果不同主体间的利益配置公平合理，并能够反映社会需求，就能使主体之间处于一种和谐有序的状态。法律作为利益关系的调整器，利益分配模式必然会影响行政法的具体制度安排，不同的制度安排又体现不同的行政法理念。与此相应，在不同的行政法理念中，又有不同的官民关系模式。在行政法的管理理念中，因为将行政法视为行政主体通过行使权力的方式实现对公共事务管理的法，所以，利益配置必然会向行政主体倾斜，重心在于行政主体管理职能的实现和良好秩序的形成。行政主体与相对方的关系是管理与被管理的关系，由于管理者与被管理者处于直观上的对立位置以及深层次的利益冲突态势，加之在管理行政法中行政主体所采取的强制性手段，双方的利益对立及存在矛盾冲突是一种常态，在这种状况下不可能实现二者关系的和谐。在行政法的控权理念中，因为将行政法视为控制行政权力的行使、避免其侵扰私权的一系列规范，所以，利益配置必然会倾向于相对方的权利，重心在于通过对公权的限制而保障相对方的自由和权利。行政主体在其有限的职权范围内严格依法行政，谨遵“无法律则无行政”的基本准则，相对方则有比较充分的自由，但是在控权理念中，更多强调的是相对方的自己责任，行政主体既不会侵犯相对方权利，但是也不会为相对方提供任何服务或者帮助，是一种消极行政，可以将控权理念下的行政主体与相对方的关系归结为一种有序，但还谈不上和谐。在行政法的平衡理念中，因为将

〔1〕 宋功德：《行政法的均衡之约》，北京大学出版社 2004 年版，第 32 页。

行政法视为对行政主体和相对方的利益兼顾法，所以主张利益配置的统筹兼顾。提出要在兼顾公共利益与个人利益的基础上追求社会整体利益的最大化，并公平地分配公共利益与个人利益。[1] 这种利益均衡状态的确比较理想，但是平衡论者自己也承认，这种平衡只能是一种总体上的结构性均衡，在行政实体法律关系中，行政权力的优越性是不可否认的一个事实，权力相对于权利所具有的主动性也是不言而喻的，所以，只有在行政法中确当定位行政主体与相对方的关系、确当定位行政权力与相对方权利的关系，实现主体之间事实上的利益平衡，才可能使行政领域内的关系和谐。加尔布雷思认为，和谐社会首先应当是这样一个"好社会"："在好社会里，所有的公民必须享有个人自由、基本的生活水准、种族和民族平等以及过有价值生活的机会。"[2] 最起码，这个社会应当是"人人有工作并有改善自己生活的机会。有可靠的经济增长以维持这种就业水平——人人都有根据自己的能力和抱负取得成功的机会。损人利己的致富手段受到禁止"。[3] 由此，我们可以看出，在构建和谐社会的过程中，政府或行政主体所应当承担的责任，即公民的个人自由、基本的生活水准、有价值的生活等都是行政主体的分内之事务，其有责任为公民提供基本的条件以保障其自

〔1〕 宋功德：《行政法的均衡之约》，北京大学出版社 2004 年版，第 33 页。

〔2〕 [美] 加尔布雷思：《好社会：人道的记事本》，胡利平译，译林出版社 1999 年版，第 3 页。

〔3〕 [美] 加尔布雷思：《好社会：人道的记事本》，胡利平译，译林出版社 1999 年版，第 27 页。

由和有尊严的生活，这是社会和谐的关键，也是达致官民关系和谐的重要一环。而行政惠民理念刚好涵盖了行政主体对相对方予以帮助和照顾的要求，所以，行政惠民理念的提出为官民关系和谐提供了一种新的模式，即在保证行政主体与相对方总量的结构性均衡的基础上，由行政主体为相对方提供服务，行政主体给惠于民，并以服务于民作为行政行为的目的，在行政过程中擅用非强制性手段，给相对方以充分的参与机会，使双方在充分沟通和对话的前提下，并在合意的基础上达致行政目的。如此，行政主体与相对方的关系必然是和谐的。在惠民理念的引导下，官民关系的和谐应当指日可待。

（二）行政惠民理念提供了行政权优化的新路径

行政权自身的定位及行政权的行使方式均与行政法的理论基础密切相关，理论基础不同，就有不同的行政权运行模式，而在不同的行政权运行模式中，行政权与相对方权利的定位是不同的，而且不同的行政权运行模式又决定了相对方权利的地位或者是处境。

在行政法的管理论时代，行政权将自身定位为管理权，由此决定其权力运行模式必然是强制性的，是以实现其管理目标为导向的权力行政，相对方只是被管理的对象。我国改革开放前，行政权即处于这种状态之中。当时，“在计划经济体制下，行政权的行使是国民经济运行的基础，行政权的触角无限伸展，在整个国家和社会中，形成了行政权力本位的格局，公民权利被行政权力吞并。"〔1〕 在行政法的控权论时代，限制行政权力的范围并控制行政权力的行使是主流观念，将相对方权利定位为不受侵犯的自由。以控权为基础的行政权运行模式必然是谨慎的、消极的。"法律的任务是尽量限制行政权，其价值追求是自由，所以行政法是自由本位法。"〔2〕 在行政法的平衡论时代，以行政权力与相对方权利的关系为出发点，认为二者处于一种"结构性的均衡状态"，提供了行政权力与相对方权利平等的理想模式。但行政权力在实体行政法律关系中相对于相对方权利所具有的优越性是不争的事实，所以，在平衡论的框架内，笔者提出行政惠民理念，该理念的核心是行政主体以一种积极的行为为相对方提供服务与照顾，在该理念引导下，行政主体为相对方提供服务和帮助、在法律的框架内对相对方予以照顾、给惠于民等观念成为主流。这样，在行政法的领域内形成了一种关于行政主体与相对方之间的新型关系：行政主体服务于相对方、行政权力服务于相对方权利。由此，行政权力被定位为对权利的保护和增进，行政主体被定位于服务，行政主体的服务精神贯穿于行政权力运行始终，与此相适应的行政权力运行模式也转变为以服务相对方、为之提供帮助和便利为导向的服务行政，使之与行政行为的终极目的相匹配，从而为行政权的优化提供了一种新的路径。

---

〔1〕 张明锋、朱战芳："中国宪政建设与规范行政权"，载《河北省社会主义学院学报》2008 年第 1 期。

〔2〕 孙笑侠：《法律对行政的控制——现代行政法的法理解释》，山东人民出版社 1999 年版，第 5 页。

在行政惠民理念下，对行政权优化提供的新路径之特点主要表现在以下几个方面：

1. 强化行政主体的“服务”理念，肃清其“管理”思维

优化行政权的关键在于行政主体思维方式的改变。长久以来，由于受我国的计划经济体制影响，行政主体的“管理”观念影响深远，管理观念支配下的行政行为不可能达致行政权服务于民的目的。行政惠民理念的核心即强调行政主体的服务精神，在服务精神的引领下，行政主体在行政行为的过程中，服务于民和给惠于民是一种自然的结果。为相对方提供服务才是行政权存在的正当性理由和行政权运行的终极目的。狄骥认为：“这种公共权力绝不能因为它的起源而被认为合法，而只能因为它依照法律规则所作的服务而被认为合法。”[1] 也有国内学者表示：“行政法的未来是强烈的服务化的未来。”[2] 行政惠民理念的确立，有助于行政主体树立服务观念，摒弃管理思维。

2. 强化行政过程的“合意”，体现民意

优化行政权的保障在于对权力运行过程的控制。传统的行政权力运行过程中，公民很少有机会参与其中，行政行为多体现行政主体的单方意志性。而优化行政权，使之服务于民的基本要求是尊重相对方的权利、在行政行为中体现相对方的意志，

---

〔1〕［法］莱昂·狄骥：《宪法论》，转引自法学教材编辑部西方法律思想史编写组编：《西方法律思想史资料选编》，张学仁等译，北京大学出版社1983年版，第607页。

〔2〕杨海坤、关保英：《行政法服务论的逻辑结构》，中国政法大学出版社2002年版，第250页。

相对方对于行政过程的参与是这一切的前提。只有行政主体为相对方提供恰当的途径，使之有机会参与到行政过程中，并表达意志，才能改变传统行政行为中行政主体的单方意志性。而且有了相对方的参与，会保证行政权力运行不会偏离服务于民的轨道。在行政惠民的理念下，有助于实现行政过程中的行政主体与相对方的充分沟通与良性互动，使行政权运作在公民广泛参与的基础上更具理性，使行政主体与相对方的关系在充分沟通的基础上更加和谐。

3. 行政权力的行使方式更加柔和，体现以人为本

优化行政权要求行政权力的行使方式要柔和。传统的行政权力运行模式是单一的命令—服从模式，这与现代民主行政中“以人为本”的观念格格不入。“以人为本”是以人为根本出发点，关注人、尊重人、满足人，它体现人文关怀，这是公法的灵魂，是政府施政的道德基础，是公共服务的精神内核。《世界人权宣言》第22条规定：“每个人，作为社会的一员，都有权享受社会保障，并有权享受他的个人尊严和人格的自由发展所必需的经济、社会和文化方面各种权利的实现，这种实现是通过国家努力和国际合作并依照各国的组织和资源情况。”[1] 行政惠民理念要求行政行为的强制性与非强制性手段相结合，并以非强制性手段为主，从而使得行政权力的行使方式更加柔和，体现行政行为以“人”的权利和“人”的发展作为其终极目的

〔1〕 袁曙宏、宋功德：“通过公法变革优化公共服务”，载《国家行政学院学报》2004年第5期。

的观念。

所以，在行政惠民理念下，无论是行政主体的思维方式，还是行政行为过程以及行政权力的运行模式均发生了根本的改变，在惠民理念的支配下，优化了行政权力，使之更具回应性。

（三）行政惠民理念提供了完善行政法制度的新视角

行政法律制度是在行政法律基本理论上构建的，其赖以存在的理论基础不同，价值取向不同，制度设计结果就会不同。我国的行政法理论基础问题自从罗豪才教授1993年在《中国法学》上发表“现代行政法的理论基础”之后，成为行政法学界讨论的热点和焦点，除了传统的管理理论之外，还存在很多关于行政法基础理论的观点：公共权力论〔1〕、政府法治论〔2〕、公共利益本位论〔3〕、服务行政论〔4〕、控权论〔5〕、职责本位论〔6〕、

〔1〕 武步云：“行政法的理论基础——公共权力论”，载《法律科学》1994年第3期。

〔2〕 杨海坤：“论我国行政法学的基础理论”，载《北京社会科学》1989年第1期；郭殊：“论行政法治主义与行政法的理论基础”，载《重庆社会科学》2006年第1期。

〔3〕 叶必丰：《行政法学》，武汉大学出版社1996年版，第53～58页；周佑勇：“行政法理论基础诸说的反思、整合与定位”，载《法律科学》1999年第2期。

〔4〕 杨海坤、关保英：《行政法服务论的逻辑结构》，中国政法大学出版社2002年版。

〔5〕 杨解君：“当代中国行政法（学）的两大主题——兼答王锡锌、沈岿同志”，载《中国法学》1997年第5期。

〔6〕 文正邦：“职责本位论初探——行政法理论基础试析”，载《法商研究》2001年第3期。

综合控权论[1]，还有罗豪才教授提出的平衡论等。在理论层面，行政法学界基本形成两派：平衡派和控权派。由此可见，行政法基本理论在我国也基本呈现管理论、控权论和平衡论三种。遵循每一种理论基础，都会有不同的行政法制度安排，但是很多观点尚停留在理论探讨阶段。而对我国行政实践有影响的还是行政法的管理理论。我国没有经历资本主义，早期也不存在市场经济，因而资本主义的自由传统和经济自由主义对我国的影响较小，基本没有在法律制度中体现出来。受前苏联的影响，早期的行政法一直以管理理论作为其理论基础，并在管理论的基础上构建各项行政法律制度，很多行政法律制度中残留管理理论的痕迹较为明显，强调行政主体的管理权能，这种状况与当下对于民主行政、公民参与的要求以及构建和谐社会的目标均不相适应。笔者以平衡论为理论基础，提出行政惠民的理念，以期能够肃清管理论的影响，倡导行政主体的服务精神，在行政主体服务和给惠于相对方的过程中达致双方权力（利）事实上的平衡，从而为行政法律制度安排提供了一种新的视角：以服务为轴心。

首先，行政惠民理念对行政组织制度的影响。惠民理念强调行政主体服务于民，所以，其对行政组织制度的影响主要表现在行政职权的调整以及行政组织存在形态的多样化。在传统的秩序维护阶段，为确保组织之间的相互协调与控制，行政机

[1] 孙笑侠：《法律对行政的控制——现代行政法的法理解释》，山东人民出版社 1999 年版。

关的设置往往以科层制为中心。这种制度一旦确立，便总是运用权力维护其地位，而不是促进变迁和革新。[1] 行政惠民理念不再单纯强调秩序，更不强调行政主体的权力，而是突出行政主体服务功能的发挥，由此决定行政职权的转向，即由进行管制转向提供服务。更因为社会主体利益的多元化而决定的服务需求的多样化，使得行政职权应当更多分配给地方以满足相对方服务多样化的需求。此外，由于社会对服务需求的日益增多，传统的行政机关难以承担全部的服务职责，迫使行政机关放权给市场和社会，于是不仅存在提供公共服务的非政府组织，还会存在承担公共服务职能的纯私人企业，比如20世纪80年代以来西方各国进行的公共行政改革，其主要内容即私有化和外包。[2] 这样，很多公共服务职能由私人企业来承担，而政府只作为一个监督者或者是组织协调者。由此可见，在行政惠民理念下，由于行政主体的职能转为服务于民和给惠于民，导致行政主体的职权划分及其范围均发生了变化，使行政组织制度更具有回应性，从而为行政组织制度的完善提供了一个新视角。

其次，行政惠民理念对行政行为制度的影响。现代的民主

---

〔1〕［美］彼得·布劳、马歇尔·梅耶：《现代社会中的科层制》，马戎等译，学林出版社2001年版，第149页。

〔2〕私有公与外包都没有普遍接受的定义，但是在公共行政改革领域内使用这两个词时，通常私有公指出售政府财产，尤其在公用事业领域；外包指保证他人直接向公众提供商品或服务的行政过程。参见马克·阿伦森："一个公法学人对私有化和外包的回应"，转引自［新西兰］迈克尔·塔格特：《行政法的范围》，金自宁译，中国人民大学出版社2006年版，第52页。

行政要求相对方充分参与行政行为，使行政行为过程具有“协商性”与“合意”的特征，最终达致行政行为的服务性。行政惠民理念所提倡的非强制性行政手段的运用为行政行为制度的回应性变革提供了一种新思路。传统的行政法理念中，为了保证行政权力的权威及其对社会管理的有效性，行政主体的主导性和支配性是不容挑战的，行政行为的强制性色彩极浓，相对方或者没有机会参与行政过程，或者在行政过程中没有话语权，总之相对方的意志对行政行为及其过程毫无影响，这种状况与现代民主行政的要求不符。惠民理念以服务于民和给惠于民为核心，主张淡化行政行为的强制性色彩，在行政过程中多采用行政合同、行政指导等非强制性方式，或者多以激励性手段，如行政奖励，或者多以直接服务方式，如信息提供、行政给付等，从而为相对方提供更为充分的参与和表达机会，在行政行为中更多体现民意，使行政行为过程成为提供服务的过程。

最后，行政惠民理念对行政程序制度的影响。现代的民主行政对行政程序的价值越来越重视。因为相对于实体行政法律关系中的行政主体权力占据优势而言，只能在行政程序方面给相对方以更多的眷顾：一方面通过严格的程序，控制行政主体的行为，使之符合合法性与合理性的要求；另一方面，通过赋予相对方以程序性权利，使之与行政主体的实体权力相抗衡。当然，此处的抗衡并不等同于对抗，只是为相对方提供一种保护自身合法权益的工具或手段。传统的行政法理念中，行政效率是其追逐的目标，相应地忽视了相对方程序性权利的保障。保障相对方的程序性权利是惠民理念的重要内容，而且惠民理念所要求的相对方对于行政过程的充分参与也对行政程序制度的完善提供了一种新要求和新思路，通过对行政相对方程序性权利的保障，保障行政主体依法行政、惠于民众。

第四章

# 行政惠民理念中的行政法制度完善

行政惠民仅作为行政法的理念并不是本书写作的最终目的，它只是一个起点，或者说是一个基础平台，本书写作的最终目的是要在行政惠民这个新理念的平台上构筑行政惠民的理想图景和行政主体惠及民众的真实画面。即将惠民的理念转化为惠民的实践。只有这样，才具有现实意义。基于行政惠民理念内涵的核心要求是行政主体要给惠于民，寓行政管理于服务之中。在整个行政行为的过程中，行政主体应本着公平、公正的原则、秉承服务于民的精神，践履行政惠民的理念，将理念中的惠民转化为实践中的惠民。可以说，这种实践是贯穿于行政行为或行政过程中的。践履行政惠民理念，更多的是对行政主体积极行为的要求，对相对方通常是一种赋权，提供参与的机会，给予表达的途径。所以，行政惠民理念对行政行为的方式、程序、手段等影响较大、重塑性较强。因为这种惠民理念主要是通过具体的行政行为来实现的。由惠民理念内涵决定行政行为应当是服务性的、非强制性手段为主的以及充分体现民主的。虽然当下的行政法学理论界和相关的实务部门已经开始关注在行政行为中注入惠民理念，开始尝试通过行政行为实现惠民目的的问题，而且关于行政主体采用非强制性行政手段来实现行政管理目标并将非强制性手段作为主要的行政手段，最终能够在行政主体与相对方达成一致的基础上、在相对方主动配合的情形下实施行政行为并达致行政目的的问题也有颇多著述，例如有学者指出，“作为注重公民参与和自治，强调沟通与协商，追求减少行政摩擦和行政成本、提高行政效率与效益的行政合同和行政指导制度，既增进了国家利益和社会公共利益，又增进了相对人的个体利益，实现整体社会与相对人个人利益的综合平衡，促进行政目标的达成。”〔1〕但是这种研究通常是以个别制度和具体行政行为为视角展开的，鲜见从惠民的角度、以惠民为目的对行政行为的实施予以系统研究，系统阐述行政惠民理念对行政行为的重塑。本书拟结合具体的行政行为阐述惠民理念影响下行政行为制度的完善，使之具有更强的服务性与回应性，满足行政惠民理念的要求，使行政主体的行政行为自始贯彻服务精神和惠民理念，给民众提供更多的服务与帮助。

## 一、行政指导制度的完善

行政指导既是现代行政法中参与、协商的民主精神发展的

〔1〕陈天本、许永勤：“行政法律制度变迁与新公共行政”，载《中国人民大学学报》2002年第4期。

结果，也是现代市场经济发展过程中对“市场失灵”和“政府失灵”双重缺陷的一种变通补救方法，同时，通过指导过程中的价值选择又能实现行政主体服务于民的目标。所以，行政指导制度及实践对于惠民理念的践履具有重要作用。

行政指导是自二战以来出现并逐渐推广应用的一种行政手段。行政指导作为一种行政手段首先出现在日本，20 世纪后半期陆续在德国、法国、英国、美国以及其他市场经济国家出现并逐步发展，发挥出特殊的功效，成为当今市场经济国家一种重要的行政手段、行政方式和政府职能、职责。[1] 行政指导的目的在于建立一种内在、良性互动的社会秩序，要发挥行政主体与行政相对方双方的主观能动性，使得行政主体的行政目的能够在柔性推广中被行政相对方所认可，而主动接受并配合行政主体的行为达致行政目的。当下，这种非强制性行政行为正在为越来越多的人所接受，正如美国法学家罗伯特 · C. 埃里克森所言：如果法律的制定者对那些促成非正式合作的社会条件缺乏眼力，他们就可能造就一个法律更多但秩序更少的世界。[2]

### （一）行政指导的内涵

行政指导是行政机关在其职能、职责或管辖事务范围内，为适应复杂多样化的经济和社会管理需要，适时灵活地采取符合法律精神、原则、规则或政策的指导、劝告、建议等不具有

〔1〕 莫于川：“行政指导的法学理论背景简析”，载《云南大学学报》2004 年第 2 期。

〔2〕 ［美］罗伯特 · C. 埃里克森：《无需法律的秩序——邻人如何解决纠纷》，苏力译，中国政法大学出版社 2003 年版，第 354 页。

国家强制力的方法，谋求行政相对人同意或协力，以有效地实现一定行政目的之行为[1]。简单地说，行政指导是行政主体以“柔软”的方式达致行政目的的一种制度或一种方法，它虽然也是行政主体在其权力范围内的职务行为，但其只是以“权力”作为背景，而并非以权力和强制力作为后盾或其行为的实施保障。行政指导属于非强制性行政行为。由此，行政指导包括如下三层涵义：

1. 行政指导法律关系的主体是行政主体与行政相对方

行政指导是行政主体在其职能和职责范围内对行政相对方的行为予以指引，为之提供相关的信息，为行政相对方为或不为某种行为以及选择何种行为模式的决策提供服务。在行政指导法律关系中，法律关系的主体依旧是处于管理与被管理地位的行政主体和行政相对方，行政主体对相对方的指导行为也在行政主体的职权范围内，行政主体实施的指导行为也是一种行政行为。就当下的行政指导而言，多数情况下，行政主体与行政相对方的关系依旧是单向度的，是行政主体通过某种非强制性行为，影响行政相对方对特定行为的决策，从而达致行政目的。所以说，在行政指导中，行政主体实施抑制性或助成性的指导行为，行政相对方在行政主体的指导下，作为理性的主体，本着利益最大化原则，依照自己的意思，任意选择对己有利的行为或行为方式。

---

〔1〕 莫于川：“法治视野中的行政指导行为——论我国行政指导的合法性问题与法治化路径”，载《现代法学》2004 年第 3 期。

2. 行政指导是行政主体的非强制性行政行为

行政指导虽然是行政主体在其职权和职责范围内对行政相对方给予的行为指引，但是这种行为指引完全属于行政主体的非强制行为，其“非强制”性主要表现在两个方面：一是从行政指导行为的过程来看，行政主体的行政指导不以行政权力为依托，如前所述，行政主体所实施的行政指导虽然在其职能范围内，而且行政指导的范围也必须以行政主体的职能为限，因为只有在这个领域之内，行政主体才可类比为“专家”，才能够对行政相对方予以有效的指导，行政主体在职能范围内的专业性是其能够实施行政指导行为的合理性基础。但是，行政指导的领域内完全排斥权力，排斥权力直接作用于相对方而改变相对方的选择和状态，行政主体的行政指导行为是单纯的履行行政职责的行为，没有丝毫行使职权的味道，即在这种情况下，行政主体的职权与职责处于一种分离状态，为相对方在相关领域提供行政指导是行政主体职责范围内的义务，而且不能通过权力来履行此义务达致行政目标。所以，就行政指导行为的过程而言，行政相对方拥有完全的实施或者不实施被指导行为的自由。二是从行政指导的结果来看，行政指导行为完全不具有法律强制性，针对行政主体的指导行为，行政相对方可以接受并依其指引而为或不为某种行为，当然，行政相对方对于行政主体的指导行为也可以不予理睬，而不管行政相对方是否服从行政主体的行政指导行为，均不会因此而产生任何不利于相对方的法律后果。所以，就行政指导行为的结果而言，行政相对方不接受行政主体的行政指导，不需要承担任何法律责任，只要行政相对方明确表示不接受行政指导，此项行政指导行为即告终止。

3. 行政指导行为是一个商谈的过程，充分体现了行政主体的惠民理念

行政指导行为包括行政主体对行政相对方的引导、说服、示范、鼓励、支持、建议等非强制性措施，通过上述非强制性措施的实施，使相对方在认同行政主体的行为目的、行为内容基础上自愿接受指导行为，从而实现行政目标，完成行政任务。而且在行政指导行为实施的过程中，完全是行政主体与相对方协商与对话的一个过程，因为行政指导的非权力性、非命令性，使得对一个行为的行政指导可能会通过多轮的商谈与对话才能完成。行政主体通过对目标行为细节的充分展示与讲解，使相对方在充分了解相关信息的基础上自主选择行为方式，自愿决定是否接受指导。行政主体实施的指导行为既包括在宏观层面颁布指导性意见，也包括在微观层面对特定相对方的个别指导。第一种行政指导行为具有普遍性的引导、示范、鼓励或支持，行为针对和指向的是不特定的行政相对方，对相对方的行为是一种概括性地指引；第二种行政指导是针对特定的行政相对方，通过说服、示范、支持、建议等方式对相对方的行为进行指引，使相对方在自愿的基础上接受指导，实施与行政目的相契合的行为。但不管是有无特定对象的行政指导，其过程均是可协商的，其手段均是“柔软”的，不具有命令性的。在行政主体非强制、非命令的情形下，相对方能够接受指导，说明该指导是有益于相对方的。所以，行政指导不仅在行为方式上允许相对

方选择而体现了惠民理念，更是在行政行为的内容上体现了惠民理念。

（二）行政指导于践履行政惠民的优势

行政惠民理念强调的是改变行政主体与相对方之间传统的命令—服务的关系模式，要在平衡论的框架内，向服务行政转化。所以，在行政惠民理念下，行政主体更多的不再是从事管理行为，而是为相对方服务，并尽可能多地为之提供帮助和照顾。这种要求刚好与行政指导的特点及价值相契合。

1. 行政指导的非强制性成为惠民的基础

在行政指导的过程中，行政机关以民主的姿态对待行政相对方，这种指导行为的非强制性表现在：不运用行政权力、不具有强制遵守和执行的效力、不会基于相对方的不接受指导而产生任何对之不利的法律后果、在行政指导的过程中，不论采取何种方式，是说服、鼓励还是劝阻、限制，都要以相对人的自由选择为前提。这种行政指导的非强制性及与之相应的相对方的自由选择性使得在行政过程中最大限度地体现了相对方的意愿，而尊重相对方的选择是行政惠民的前提和基础，因为相对方作为理性人，自己最清楚他想要什么，不需要行政主体替代他进行选择，从而避免以惠民为由，对相对方私权领域内事务的越俎代庖，冠冕堂皇地剥夺了相对方的选择权，即所谓“强奸民意”。行政主体在给惠于民之时，首先要确切了解相对方的真实需求，因而行政指导的非强制性以及对相对方选择自由的尊重和认可是行政惠民的基础与前提。

2. 行政指导的柔软灵活性成为惠民的保障

行政指导与行政处罚、行政强制等其他具体行政行为相比，最大的特点在于它的柔软灵活性。作为行政指导的双方——行政主体与行政相对方——之间具有一定的管理与被管理的行政隶属关系，这就当然地决定了二者在事实上的地位不平等，握有行政权力的行政主体毫无疑问地占据优势地位。这种行政主体与行政相对方之间不平等的地位决定二者在行政法律关系中行政主体的主导性作用，即在法律的框架内，行政相对方只能接受行政主体实施的行政行为，行政主体实施行政行为的方式（强制的方式或者非强制的方式），对于惠民目的的达致显得格外关键。保证行政主体的行为手段柔软而不具有强制性、灵活而具有协商余地都会为惠民目的的达致提供前提条件。而行政指导所具有的柔软灵活的行为方式特点恰好能够满足这种条件，从而保障行政行为的惠民目的。

3. 行政指导的利益导向性成为惠民的核心

行政指导是通过柔性的说服、建议、协商等方式使相对方的行为向着行政目的的方向实施，对行政主体而言，既达致行政主体想要的结果，又省却了行政强制的成本与相应的交易费用；对相对方而言，既给相对方选择权以体现其在行政法律关系中的主体地位，又为之提供服务、带来利益。因此，行政指导对行政主体与相对方而言是双赢，是缓解二者之间张力、达致双方和谐和良性互动的有效手段。而且无论是规制性行政指导，还是助成性行政指导，虽然其行为导向不同——前者是劝诫相对方不为某种行为或不以某种方式为某种行为，后者是鼓励相对方积极为某种行为——但其利益导向还是一致的，即都是行政主体引导相对方趋利避害，站在宏观和全局的角度，以发展的眼光，对相对方的行为予以指引，从而使得相对方获得积极或消极的合法利益。而行政惠民的核心正是通过行政主体的行为，为相对方提供服务与便利，从而使之在法律的框架内获得利益。所以，行政指导所具有的利益导向性构成了行政惠民的核心内容之一，是行政主体惠民的主要方式之一。

（三）行政指导制度的建设

行政指导作为一种行政行为，对于惠民目的的实现具有不可替代的作用，但是当下我国对行政指导的研究却只停留在表面上，很多深层次的问题在理论上都还没有达成共识，并由此导致实践中行政指导的作用大打折扣甚至因为缺乏明确完善的指导规范而导致“强制性指导”等公权侵犯私权的情形，致使行政指导行为的结果与设计此项制度的初衷相悖，使惠民目的下的非强制性的行政指导行为异化为行政主体为了完成行政任务或者达致工作指标而强加于行政相对方的负担。为了最大限度发挥行政指导制度的价值，笔者认为，我国的行政指导制度可以从以下几个方面予以完善：

1. 明确实施行政指导的依据

关于行政指导这种非强制行政行为是否需要有依据，需要什么样的依据，在学界一直存有争议。少数人主张行政指导无所谓法律依据，因为行政指导行为不具备强制性，所以行政主体可以任意为之。例如，日本行政法学家和田英夫认为：“行政指导是这样一种行政作用，即不管有无立法根据，行政机关对特定的个人，公法、私法上的法人和团体，要求对方的同意协作，采用非权力的、任意的手段进行工作，以实现行政机关的意图……”[1] 还有一部分学者认为，行政指导的依据可以是法律原则或者政策，无须法律的明文规定。如莫于川教授认为：行政指导是行政机关在其职责范围内，为适应复杂多样化的经济和社会管理需要，基于国家的法律精神、原则、规则或政策，适时灵活地采取指导、劝告、建议等非权力强制性方法，谋求相对人同意或协力，以有效实现一定行政目的之主动行为。[2] 当然，也有学者认为行政指导应当有明确的法律依据，如郭润生、宋功德认为：任何行政指导都必须有组织法上的明确授权，至于行为法依据不必强求一致。其中，抑制性行政指导通常应该有行为法上的依据，如果无法可依，必须遵循法律原则、符合法律精神；助成性与协调性行政指导，只要不侵害第三人的合法权益，则不强求其规则依据，可以依据政策、法律原则与法律精神而为。[3] 由于学界对行政指导依据问题的争议，加之行政指导在立法上的空白，导致行政指导实务操作中的五花八门，很多行政指导行为的问题都是由于对行政指导法律依据理解失误而引起的。所以，明确实施行政指导的依据是正确实施行政指导、发挥其惠民作用的前提。

---

〔1〕［日］和田英夫：《现代行政法》，倪健民、潘世音译，中国广播电视出版社1993年版，第218页。

〔2〕莫于川：《行政指导论纲》，重庆大学出版社1999年版，第27页。

〔3〕郭润生、宋功德：《论行政指导》，中国政法大学出版社1999年版，第134~135页。

笔者认为，关于行政指导的依据，既不可强求必须有法律、法规上的依据，但是又不能放宽到行政指导完全可以由行政主体自由裁量。所以前面指出行政指导要有明确的依据，而非“法律依据”。因为首先，行政指导作为行政主体的公权力行为，应当以有相关依据为实施指导之必要条件，这是依法行政原则的基本要求。虽然行政指导不具有法律强制性，对相对方也不一定会发生任何事实效果，但它仍然属于行政主体所实施的行政行为，因此仍然应当遵循依法行政的基本原则。其次，行政指导的依据不限于法律、行政法规的规定，还应当包括法律精神、原则和政策方面的依据。行政指导作为授益性的行政行为，也可以把它归结为积极行政行为，对于这类行政行为是可以适用“法无明文禁止即允许”的基本准则的，尤其我们所看中的行政指导所具有的灵活性和授益性，刚好能够弥补法律滞后的缺憾，所以不能强求行政指导一定要有法律上的依据，只要行政指导符合法律精神或者具有相应的政策依据，并不与现行法律法规相抵触即可实施。明确行政指导的依据，就可以把行政指导控制在实质行政法治的框架之内，不仅有利于行政指导的法制化，而且有利于对行政指导的规制，更好地发挥行政指导的积极作用。

2. 明确行政指导的程序

如前所述，行政指导的依据不可能被细化为法律明文规定，有很多行政指导的依据都停留在政策、法律原则、法律精神的层面，这种对实施行政指导的实体依据的模糊强化了对行政指导程序的需求。有了明确的程序，有助于行政权力运行的公开透明、易于监督，从而使行政权力滥用的可能性减至最小。而我国的现状是不仅没有统一的行政程序法，而且也鲜见行政指导的程序性规定。为了将行政指导纳入行政法治框架中，使其更好地发挥积极作用，完善行政指导的程序是当务之急，完善的行政指导程序，不仅能够为行政主体提供行为的程序性依据，而且能够在程序方面保障相对方的合法权益，因为对行政主体的行政行为提出程序性的要求，就相当于为相对方提供了一种程序性保障。笔者认为，关于完善行政指导的程序可以从以下几个方面着手：

（1）明确行政指导决策公开程序。行政主体在进行行政指导决策时，应遵循公开透明的原则，因为决策公开不仅能够保证公民的参与权，使得在决策的过程中，行政主体与相对方有机会交换信息、进行充分沟通，从而使得决策更加科学合理，而且在公民参与下形成的决策因为少了“暗箱操作”也会更加公平。同时，因为公民的参与使之对行政指导决策更加理解和认同而易于接受，从而达致指导效果。所以，公开应当成为行政指导决策的必经程序。要求行政主体在进行重大行政指导决策之前，应当以各种渠道公开尽可能多的相关信息，征集公民意见和建议，在此基础上形成指导决策。

（2）明确行政指导决策听证程序。行政主体在进行行政指导决策时，尤其是对于一些重大的与公民切身利益密切相关的事项决策时，应当举行听证会，给相对方提供与行政主体对话的机会，表达意志，陈述理由。同时行政主体也要陈述理由和决策依据，在充分讨论的基础上形成的决策必然会保证行政指导的公平、公正、体现民意，从而保证行政指导的惠民目的。

(3) 明确行政指导的非强制性，并细化保障非强制性的行为规范。行政指导作为一种非强制性行政行为在理论界基本达成共识，但是由于实施行政指导的主体手中握有权力，在行政实践中的强制性指导现象难以避免，尤其我国长期置于管理行政法和计划经济体制之下，“官本位”观念在很大范围内尚有较大影响，部分行政主体总是以为自己的职责行为是在行使权力，既然是权力就一定要有强制性，由此导致实践中出现了强制性指导或者是相对方不接受指导而责令其承担不利后果的情况。但“行政机关裹‘挟怨’的‘给予颜色’，且以裁量方式表达出来时，实甚容易掩饰，相对人难以有效举证证明”。〔1〕这种状态的存在不仅有悖行政指导的本质，而且严重侵犯相对方的合法权益，与惠民目的背道而驰。因而有必要明确行政指导的非强制性，并将之作为行政主体实施指导行为的一个基本准则，在进行行政指导的过程中，不仅不能以强制性手段要求相对方必须接受，而且相对方不接受指导也不能要求其承担任何不利后果。此外，要结合实际情况，制定细则以保障行政指导实质意义上的“非强制性”，比如针对实践中存在的行政机关工作人员为了达到行政目标而多次对相对方进行行政指导，直到相对方接受指导才罢休的情况，应当明确行政指导行为的首次主动性以及再次实施指导时应当依申请的基本规则。因为实践中出

〔1〕 陈新民：《中国行政法学原理》，中国政法大学出版社 2002 年版，第 238 页。

现了行政主体多次指导情形，虽然在行政指导的过程中，行政机关的工作人员也没有采取强制性的方式，但是他的“多次”重复指导行为也会给相对方造成一种无形的压力，进而可能会使之在违背其内心真实意愿的情况下接受指导，所以在行政指导的程序中限制行政指导的次数和明确行政指导的启动方式对于保障行政指导的“非强制性”非常必要。即在行政指导的程序中规定行政机关及其工作人员可以依职权实施行政指导行为，在首次实施行政指导后，相对方没有接受的情形下，必须经相对方的申请才可以就相同内容实施第二次以及后续的行政指导行为，以此细化的规定坐实行政指导的“非强制性”。

3. 明确行政指导的监督和救济机制

行政指导的非强制性使人们疏于对它进行监督，然而任何权力缺乏监督都可能会导致滥用，而任何滥用的权力都会造成对合法权益的侵犯。当下我国对行政指导的监督几近空白。这种状况主要是由以下两方面的原因导致的：首先，由于行政指导行为自身的法制化程度低，关于行政指导的实体和程序法律规定都比较欠缺，所以导致对行政指导的监督缺乏明确的依据而没有对之监督的现实可能性；因为通常情况下，我们对行政主体的监督主要是对其行为的合法性进行监督，然而其行为的合法与否只能依据现行法律、法规以及其他规范性文件中的规定来判断，但是如果当下在规范性文件体系中缺乏对行政指导行为的规定必然会使这种合法性监督成为空谈。其次，由于人们认识上的原因，导致对行政指导的监督匮乏。行政指导作为一种新型行政行为，其本身所具有的非强制性使人们认为其对相对方权利构成威胁的可能性小，因而认为没有监督的必要。这种认识上的偏差导致实践中对行政指导进行监督的相关机制缺失。由上述两种原因导致的监督缺失致使不仅不能通过行政指导达致惠民目的，恐怕连行政指导自身的合法性与合理性都难以保证。所以，必须建立健全行政指导的监督救济机制，完善行政指导制度，并最终克服行政指导行为潜在的弊端。对此，笔者认为可以从以下三个方面着手：

（1）建立健全对行政指导的内部监督机制。所谓内部监督是指在行政机关系统内对行政指导的合法性和合理性给予的监督，包括上级行政机关对下级机关的监督和本行政机关内部监察部门的监督。对于行政指导而言，这种内部监督是必要的，因为行政指导是行政主体实施的专业性和灵活性较强的行政行为，这种专业性和灵活性决定了行政指导内部监督的不可或缺性和有效性。就我国的现实情况而言，行政机关内部监督的组织准备比较充分，只是在实践中，相关机构是否能够认真履行这一监督职责。毋庸讳言，就行政指导而言，相关的监督主体没有很好地履行其监督职权（原因在上文中已做分析）。笔者认为，建立健全内部监督机制，至少应当建立健全行政指导方案备案制度、定期检查制度、评估制度。备案制度是指下级行政机关对于重大的行政指导决策要报上级机关备案，上级机关认为必要可以就其合法性与合理性进行论证和质询，以保证重大行政指导的合法性、合理性以及惠民目的的达成；定期检查制度是以日常工作的方式监督下级机关行政指导行为，便于及时发现问题并予以纠正的制度，有利于在行政机关实施行政指导行为的过程中及时发现问题，及时采取措施；评估制度是在行政指导行为完成后，针对重大行政指导的实施对于利害关系人的作用效果予以评估，主要是成本与效益的评估，以此投入产出比判断行政指导决策的科学程度。

（2）建立健全对行政指导的外部监督机制。所谓外部监督包括权力机关的监督、司法机关的监督和社会监督。从实质内容来看，对于行政指导的外部监督与对行政主体其他行为的监督并无二致。但是一直以来行政指导的外部监督机制都没有确立，所以笔者在这里要明确对于行政指导的监督也包括这种外部监督。由于外部监督所具有的监督主体的客观中立性、监督方式的多样性以及由此决定的监督结果的公正性等特点，使得它对于修正行政机关系统内部的问题具有内部监督不可替代的作用。

（3）明确行政指导的救济机制。行政指导的救济是对相对方权利的救济。其涉及的问题是如果由于行政主体的行政指导行为使相对方权益受损，相对方是否可以通过行政诉讼、行政复议或者其他方式而最终得到赔偿或补偿来弥补受损权利。我国现行相关规范性文件明确否认了行政指导的可诉性，最高人民法院《关于执行〈中华人民共和国行政诉讼法〉若干问题的解释》中明确将“不具有强制力的行政指导行为”排除在行政诉讼受案范围之外。由此使行政指导这种行政行为丧失了司法审查的程序，缺少了一条有效监督的途径，同时也不利于维护相对方的合法权益。笔者以为，应当赋予行政指导的相对方及其他利害关系人以救济权。因为救济权与原权利是伴生的，“无救济即无权利”，如果否认行政指导中存在对相对方权利的救济，实质也就否认了行政指导中相对方权利的存在，这样就会给行政主体肆意行政的机会。

行政指导不具有强制性，[1] 但是这并不能成为其超然于行政诉讼受案范围之外的依据，笔者认为，行政指导应当纳入行政诉讼的受案范围中，应当对行政指导关系中的相对方提供救济，主要理由包括以下几个方面：

第一，从相对方的角度来看，理论上，其是否接受行政指导完全是自愿选择的结果，基于“自己行为自己责任”的基本准则否定对其进行救济似乎有一定的道理。然而在行政法律关系中，由于法律关系主体的特殊性，其奉行的责任原则与刑法或者民法的归责原则并不完全等同，所以自己行为自己责任的推理方式在行政法律关系中并非能够完全适用。

第二，从行政主体的角度来看，首先，行政指导行为是行政主体的职务行为，是行政主体行使权力的行为，因此，行政指导行为同样应当遵循“依法行政”的基本准则，而无论其行政行为是否具有强制性，违法或不当的行政行为应当承担不利的法律后果是依法行政的当然组成部分；其次，行政指导行为作为行政主体的职权行为，应当是具有公信力的，相对方对此

[1] 传统观念认为，之所以行政指导行为没有被纳入行政诉讼的受案范围，是因为行政指导的非强制性。行政指导行为仅仅是行政主体的一种建议、劝说或者鼓励与支持，是否接受行政机关的指导完全由相对方自己选择，依照自己行为自己责任的基本原则，相对方自己决策的结果当然要自己承受相应的后果，所以不予提供救济。

可以有合法预期，存在相对方的信赖利益，不管相对方是否选择接受行政指导行为，行政主体都应当保证其所实施的行政指导是合法适当的，因为相对方有理由确信行政主体的指导行为具备这样的前提保障，所以即便是行政主体没有强制相对方选择接受指导，但是只要相对方非因个人过错，在依行政指导行为的活动中受到损失，依合法预期规则和信赖利益保护原则，相对方均有机会获得救济。所以应当认可相对方及利害关系人在行政指导中请求救济的权利。

基于行政指导的救济可以分为两种情况：一是行政主体的指导行为存在违法或错误的情况下，相对方或利害关系人有权申请行政复议、提起行政诉讼或请求国家赔偿。因为如果行政指导违法或错误，视为行政主体有过失，这样的行政行为没有理由被排除在司法审查的范围之外，这样的行政行为没有理由不给相对方以诉权。二是行政主体的指导行为不存在违法情形，却给相对方造成损失（相对方本身没有违法情形），这种情况下不能让相对方独自承担损失，而应当给予相对方以适当的补偿。在行政指导中认可相对方的救济权，不仅是行政法服务精神的体现和惠民理念的基本要求，而且也能够有效促进行政主体约束自身行为，依法行政。

### 二、行政合同制度的完善

行政合同，又称为行政契约，起源于以法国和德国为代表的大陆法系国家的行政法理论，行政合同是伴随着政府职能转变而出现的。20 世纪 50 年代，从 1942 年英国著名社会学家贝弗里奇发表了一篇影响深远的关于社会福利的报告后，建立福利社会、福利国家就成了西方国家政府的承诺和目标。相应地，政府职能也以空前的规模扩张。面对如此庞大的管理系统，单一的行政命令手段就显得严重不足。而行政合同既淡化了行政的命令色彩，相对人乐于接受，又利用合同推行了国家政策或政府政策,〔1〕逐渐成为民主大潮下政府实现其行政目标的主要手段之一。因此，在世界范围内，很多国家或地区都设有行政合同制度，如法国、德国、葡萄牙、日本、奥地利以及我国的台湾地区及澳门特别行政区均有行政合同制度。行政合同以其自身的协商与合作的特点，丰富了行政主体的行政手段，在行政行为中集中体现了行政主体与行政相对方双方的意志，我们可以认为行政合同的存在是在政府职能转换过程中，重构行政主体与相对方关系模式的结果，是行政法平衡理论的体现，同时，行政合同也是实现行政惠民目的的重要方式。但是由于我国对行政合同制度研究的起步较晚，对于其中的很多理论问题并没有达成共识，相关的制度建设也处于正在进行时。

（一）行政合同的内涵

所谓行政合同，是指行政主体为实现行政目的，与行政相对方基于相反方向的意思表示一致而缔结的关于设立、变更、终止行政法律关系的协议，是行政管理的一种特殊方式。〔2〕传

〔1〕 张弘："行政决定转化为行政合同的必要与可能"，载《青海社会科学》2007年第1期。

〔2〕 李卫华："论行政合同的涵义"，载《山东师范大学学报（人文社会科学版）》2005年第4期。

统的行政法理论认为行政行为是行使行政权力的行为，行政权力是依法赋予并行使的，因而具有强制性和不可处分性，那么行政主体在行使行政权力时，就不可能将之放弃、让与和变通，更不可能存在行政主体与行政相对方协商和“讨价还价”的情形。但是，随着国家活动领域的扩张，国家的职能不再限于维护安全与秩序，而是以各种角色更多地参与到社会、经济生活中，服务于民生的各个领域。同时，公众对政府的期望值也日益提高，曾经风靡一时的诺其克的理论“最弱意义的国家”逐渐被扬弃，公众对政府提出了更高的要求，要求政府应当“有所为，有所不为”，即政府应当逐步调整职能，把不该管也管不好的事情放开，将主要职能定位于为民服务，给惠于民，致力于构建服务型、民主型政府，强调公民参与行政过程，在法律的框架内，向着给惠于民的目的，行政行为具有更大的裁量性、主动性和可协商性。由此，行政合同基于其所具有的非强制性、协商性以及一定的约束性等特点，与现代行政的基本特征和要求比较吻合，在较多领域内取代了强制行政的各种手段而成为实现行政目标的主要行政方式之一。

### （二）惠民理念下行政合同成为主要行政手段的客观必然性

行政合同成为一种主要的行政手段是与政府职能转变和人们对行政目的认识的不断深化紧密相连的，是一种必然趋势。

首先，从社会背景看，当下社会已是“福利权本位的时代”，〔1〕国家的主要职责在于为公民提供服务与便利，给惠于民。这种国家职能的转变决定了其执行机构——行政主体——行为方式的转换，即从单方面的高命令行政向公民广泛参与的民主行政和服务行政转化，从而使得具有高度意思自由和协商性特点的行政合同步入行政行为的舞台。

其次，从行政行为模式的发展趋势看，行政主体的行政行为已经由“消极行政”转变为“积极行政”，行政主体积极履行行政职责，在实现行政目标的过程中尽可能采用人性化手段为相对方提供服务和便利，同时行政合同所具有的灵活性又使得行政主体的主动行为得以合理化，而在订立行政合同的过程中，相对方的自愿也为行政合同下的行政行为提供了正当性基础。

最后，从行政目的看，已然从秩序行政转向服务行政，给惠于民俨然成为行政主体实施行政行为的主要目的，而最大的给惠莫过于在行政法律关系中给相对方以一定的参与机会和意思自由，从而使相对方的真实意愿能够体现在行政行为中，而并非是行政主体主观臆断下的给惠和“一厢情愿”地提供服务，强化行政相对方的参与程度及其在行政行为中的主动程度比赋予其被动接受行政主体的服务重要得多，这种参与和能动性才是法律关系主体的特质，因而，行政相对方能够就目标行为与行政主体“讨价还价”，进行协商，在行为方式和内容两个方面都体现了相对方作为行政法律关系的主体地位。所以，将意思

〔1〕孙笑侠：《法律对行政的控制——现代行政法的法理解释》，山东人民出版社 1999 年版，第 5 页。

自治与行政性结合在一起的行政合同制度对于保障相对方的参与和在法律关系中的主体性作用等方面均具有重要意义，行政合同制度是实现服务行政的保障和基本路径，通过行政合同，能够真正达致给惠于民的行政目的。

（三）行政合同的契约精神构成行政惠民的基本内核

行政合同中渗透了公私法都承认的合意精神，在行政合同法律关系中的行政主体和行政相对人都具有不同程度的意思自治能力，因而双方所为的行为都不同于一般行政行为中的表现，行政主体的行政行为更多地带有柔性特质，行政相对人的行为更多地表现为积极参与行政而非被动受制于行政。[1]

对于行政合同，笔者认为，可以从两个维度来解读：

首先，以合同为中心来解读行政合同。行政合同是一类特殊的合同，基于以下两个因素使之不同于普通意义上的平等主体之间订立的民商事合同：一是合同当事人的特殊性。在行政合同中的双方当事人，一方是拥有行政权力的行政主体，一方是作为相对方的普通公民、法人或者其他组织，主体双方法律地位的不平等必然会使行政合同与民商事合同不同。二是合同双方权利义务的特殊性。基于行政合同所具有的特殊使命——行政目标，导致行政合同的内容，即行政合同中双方主体权利义务的大致框架是法定的，行政主体与相对方作为合同的双方当事人对于行政合同的主旨是无权协商、不能变更的。此外，

---

〔1〕 黄学贤、周春华：“行政合同法律性质之学理反思”，载《江南大学学报》（人文社会科学版）2007 年第 6 期。

行政合同中双方当事人的权利义务也不可能如民事合同中当事人的权利义务一样对等。在行政合同中，行政主体在合同订立、履行及合同解除的过程中，均有一定的特权，即行政优益权。比如合同订立过程中对于合同订立方式的选择（邀请投标、公开招标等），再比如合同履行过程中行政主体对相对方履行合同义务的监督权以及对于违约相对方的直接制裁权，在合同履行过程中，基于公共利益的需要，行政主体拥有的单方解约权等。

其次，从行政的维度来解读行政合同。行政合同既然作为行政性与合同性兼备的一种特殊合同，其所具有的行政性当然不容忽视。在行政合同中，行政相对方虽然可以有一定的意思自由，就行政内容可以与行政主体进行协商，但是以公共利益和行政目的的名义，行政主体的主导地位毫无争议，正如有人认为：行政合同主要通过契约的方式将国家所要达到的目标固定化、法律化，使其在形式上具备民商事合同的“外壳”，有别于“命令式”的单方行政行为。但行政合同本质上、内容上都是一种国家管理社会的行政行为，行政权力仍居于主导地位。[1]

由此可见，由于行政合同所具有的行政性，决定了行政合同应当奉行不完全等同于民事合同的规则，同时，又由于行政合同取得了合同的“外壳”，决定了行政合同应当奉行不完全等同于其他行政行为的规则。

行政合同虽然具有一定的特殊性，但它依旧是合同的一种，

---

〔1〕 杨洲、宋叔芬：“行政合同‘违约责任’性质刍议”，载《行政与法》2000 年第 1 期。

合同的基本特点——契约精神——当然适用于行政合同，也正由于行政合同所具有的契约精神，使得行政合同在践履行政惠民理念的过程中，作用非同一般。

首先，合同所特有的契约精神培养了行政主体的平等观念。行政主体的传统思维与传统的行政行为模式紧密相连。在传统的行政行为模式中，行政主体的绝对领导地位和“命令—服从”模式使得行政主体形成一种天然的优越感，那么在实施行政行为的过程中，高高在上、以自我为中心、只注重行政效率而忽视相对方权益保护的情形也就不足为奇。如果在行政行为中注入契约精神，引入行政合同制度，合同所具有的平等与协商精神会不断地提醒行政主体，这是一种新型行政行为，内含新型行政关系，会使行政主体将自己的心态和地位放平，尊重相对方作为行政法律关系主体或者作为合同的一方当事人所应有的权益，使行政主体从关注泛泛的公共利益和行政效率转变为在关注行政目标、效率以及公共利益的同时，关注行政合同另一方当事人的利益，即特定的行政相对方的利益，从而使其合同项下的行政行为方式、内容更体现人性关怀，使行政合同的履行不仅能够关照公共利益，为公民、法人或者其他组织提供一种普惠的服务与便利，同时，也会考虑到合同相对方的合法权益，从而消弥行政主体以公共利益代言人自居并以公共利益为由在行政合同中强调行政主体的优越地位之情势，尊重相对方及其合法权益。

其次，契约精神助成了行政相对方的参与意识，并使之获得参与机会。与行政主体对于相对方的平等态度一样，相对方对于行政行为的参与意识也需要培养，契约精神的注入同样有利于相对方对于行政行为的参与意愿和在事实上对于行政行为的有效参与。传统行政行为模式下的行政主体习惯于命令，与之相应，传统行政模式下的行政相对方亦形成了对行政主体服从的思维定势。当行政主体改变行为模式时，将行政合同方式作为一种新的行政行为方式时，给相对方提供了参与的机会和话语权，但是机会或者资格永远是在与主体的具体行为结合在一起之后才会变为一种现实的权利，行政主体以订立合同的方式实施的行政行为给了相对方以参与的机会，此时还需要相对方有参与的意识、愿望和能力，契约精神的注入有助于使相对方利用机会、行使权利、享受利益。

再次，契约精神有助于行政目的的有效达致。行政合同只是行政主体实施行政行为的手段之一，可以说，行政合同只具有工具意义，实质是要借助于行政合同来实现某个行政目的。而契约精神使行政主体与相对方均能表达自己的意思，并在一定程度上将自己的意思体现在行政合同中，契约精神的存在不仅有助于行政合同的顺利订立，而且在自愿基础上形成的行政合同的履行当然会比由行政主体单方面决定行为的执行顺畅得多，从而和谐、轻松地达致行政目的。

最后，契约精神有利于行政主体实现惠民的理想。行政惠民是一种理念，要贯穿于行政行为的过程始终，而契约精神的内涵恰好妥贴地传达和体现了惠民要求。契约精神要求的基础是平等，所以契约精神首先要求订约双方的平等地位，在此基础上才存在双方的合作。而行政主体的惠民理想之实现，也要以认可并尊重相对方的主体地位为基础，行政主体应当把相对方看做服务的对象，而不是管理的客体。契约精神体现的过程是协商。契约精神要求订约双方就合约内容充分协商，强调订约双方的积极性与能动性。行政惠民理念也要求行政主体要为相对方提供充分的参与机会，给相对方以表达的自由和权利，所以说，契约精神中所体现的充分协商是实现惠民理想的重要一环。契约精神体现的结果是合意，本着契约精神实施行政行为的结果中应当包含行政主体与行政相对方双方的意思。行政惠民理念不仅要求客观上行政主体要为相对方提供服务，而且要求行政主体在主观上要有关照、帮助相对方的意识，即在行政行为中本着服务的理念，接受相对方的合理意愿，改变既往的为实现行政目标由行政主体单方面作出决定的情形。契约精神恰恰要求行为过程中双方当事人的合意，这样使得作为被服务对象的相对方的意思也能够对行政行为的结果产生一定程度的影响，从而不仅在行政行为的形式上和过程中能够保障行政相对方的主动性，甚至对于行政行为的结果，相对方也有一定的主动权，这就是行政合同制度给行政相对方带来的特别福利和便宜。

（四）行政合同制度的建设

如前所述，行政合同作为行政行为的一种新型手段，对于实现民主行政、服务行政，维护相对方的合法权益具有不可替代的作用。然而我国行政合同制度的现状却不容乐观，虽然行政合同存在较丰富的实践，比如我国当下的政府采购、国有土地出让等领域都存在行政合同。但是理论上对行政合同制度的研究尚不够深入，尤其是行政合同立法上的空白更是一种缺憾，因为立法上的空白不仅导致行政合同实践无法可依，而且法院审理类似案件都缺乏依据。这样致使行政合同有名无实[1]。为此，无论从回应社会需求的角度，还是从实现惠民目的的视角，深入研究行政合同行为，并将之制度化、法律化是一个亟待解决的问题。笔者认为，可以从以下几个方面完善我国的行政合同制度：

1. 将行政合同正式纳入法律框架之内

将行政合同纳入法律框架中，以填补行政合同立法的缺位。当下，我国行政合同制度最大的缺陷在于法律依据的匮乏，由此导致实践中一系列的有关行政合同的问题难以解决，所以要将行政合同行为的规则法律化。

在将行政合同制度法律化的过程中，首先要解决的就是立法形式的问题，关于行政合同的立法形式选择，有的学者主张在现有的《合同法》中另加一章——行政合同，其中规定行政合同的特有规则，这种主张的优点主要有两个：一是修订《合同法》比着手制定《行政合同法》的周期短，能够及时解决现存问题；二是这种做法只需要规定行政合同的特有规则，对合同的共同规则可以直接适用合同法中的其他规定，使得立法内

〔1〕 笔者之所以认为行政合同有名无实，主要是因为行政合同在立法上的空白致使审理行政合同案件时的法律适用依旧是《合同法》及相关法律法规，但是行政合同与民事合同并不等同已经是一个不争的事实，行政合同与民事合同应当遵循不同的规则，在两种合同中，当事人权利义务的性质和内容也大相径庭，行政合同应当有自己独特的规则。如果行政合同纠纷案件的审理缺乏独特的法律依据，仅仅适用民事合同的相关规定，那么行政合同的特殊性又如何体现？如此行政合同不过是一个标签或者名称罢了。

容比较简洁，避免重复。但是这种做法致命的缺点在于混淆了民事法律关系与行政法律关系，这种混淆在比较接近大陆法系的我国法律体系中还是难以被接受的。当然，也有人主张制定独立的行政契约法，还有人主张由国务院通过颁布单行法规的方式为行政合同制度寻求法律依据，原本在政府采购和国有土地出让等领域，国务院及国务院各部委曾颁布一些行政合同规范，完全可以在此基础上予以修改扩充。

关于行政合同的立法形式，笔者认为，应当制定独立的《行政合同法》。虽然行政合同属于合同的一种，与私法上的合同具有相同的特点，但是行政合同同时还具有较强的行政性，从合同的主体、合同的履行、解除、权利义务约定等方面均与私法上的合同有较大区别。而且尤其重要的一点是行政合同属于行政主体与行政相对方为着某种行政目的而订立的合同，合同双方之间属于行政法律关系，理应受行政法律规范调整。但是《合同法》的性质属于纯粹的私法，合同当事人之间的关系也属于民事法律关系，与行政合同中的行政法律关系不能混为一谈。而且，在履行合同的过程中，两种合同当事人之间发生纠纷时适用的法律和法院的审判组织都会不同，行政合同纠纷要适用行政法律规范由法院的行政审判庭进行审理，民事合同要适用民事法律规范由法院的民事审判庭进行审理。所以，在《合同法》中加一章行政合同内容的立法形式并不可取。但是如前所述，当下中国已经存在大量的行政合同实践，如何快速而有效解决实践对于立法缺位的呼吁问题呢？面对社会的实际需要，我们不可能等待条件成熟后再有所作为，此时可以由国务院先行制定关于行政合同的行政法规〔1〕，这样可以解决当下行政合同无法可依的尴尬局面。假以时日，当我们在理论上对行政合同的基本问题认识得更深刻、更清晰了，实践中行政合同的行政法规也运行了一段时间，积累了一些经验或者教训，各方面的条件均已成熟，就可以着手制定独立的行政合同法，明确规定行政合同的适用范围、基本原则及行政合同的订立、履行、变更、解除及违约责任的承担等一系列内容。

2. 明确并落实行政合同的合意性

行政合同虽然属于行政主体实施的行政行为之一，但是它仍然属于合同中的一种特殊类型，因而合同的本质属性——合意性——当然适用于行政合同。合意性的基本要求在于行政合同的成立要以行政主体和相对方的协商一致为前提，虽然合同的一方具有行政权力，并代表公共利益，但这种合意性是由合同的本质决定的，如果缺少合意性，就不能称之为合同。具体而言，行政合同的合意性应当明确以下几点要求：

（1）合同双方的法律地位平等。双方法律地位平等是满足

〔1〕 笔者认为，如果条件不成熟，现在不能制定《行政合同法》，那么至少要由国务院制定关于行政合同的法规。至于有学者谈到也可以由国务院各部委以及各有权地方人民政府制定规章和其他规范性文件来规范行政合同行为的做法，笔者并不赞同。因为在我国的法律体系中，能够作为人民法院审理案件依据的只能是法律和行政法规，规章只能参照适用。如果由国务院各部委或者各有权地方人民政府制定规章来规定行政合同问题，那么实践中人民法院面对行政合同纠纷时一样会因为缺乏法律依据而无可奈何，对于解决实际问题没有任何益处。所以，关于行政合同问题，只有两个选择，一是由全国人大或全国人大常委会制定法律；二是由国务院制定行政法规。

合意性的前提条件。很难想象合同一方地位高高在上的情况下，双方如何能够平等协商而达成合意。尤其是行政合同中一方是拥有行政权力的行政主体，另一方是没有权力的相对人，双方地位存在一种事实上的差距，所以强调双方的法律地位平等更具有现实意义。

（2）订立合同的自主决定性。关于订立合同的自主决定性主要是针对相对方而言，只有相对方有这种自主选择权，即决定是否与行政主体订立行政合同。行政主体作为公共事务的管理者和公共利益的代表人，订立合同是它履行职责、达致行政目标的一种手段，就它的职责而言，它是没有任何决定权的，无权选择是否作为。所以，对于是否订立合同，行政主体没有自主决定权。

（3）合同内容的协商一致性。行政合同是行政主体为了实现一定的行政目标与相对方订立的，所以，行政合同的核心内容通常是先定的。但即便是这样，在保证该核心内容基本不变的前提下，相对方也有权就合同的全部内容与行政主体进行平等协商，在自愿的基础上订立合同。当然，就合同内容的协商是有限度的，与普通私法合同内容的双方协商是不能等同的，因为行政合同中的内容毕竟关涉公务和公共利益。但是行政合同双方的合意依旧是合同成立的一个底限，合同成立必须以双方意思表示一致为前提，但由于行政合同所包含的行政目标，如果该行政目标与行政相对方的意愿相悖，即合同内容无法达到相对方要求的程度或者不能满足相对方的基本要求，相对方可以选择不参与该合同，不做合同当事人。这也是赋予相对方对抗行政合同核心内容不可变更情形的一项权利，从而保证行政合同双方当事人的权利义务处于均衡状态。

3. 明确行政合同中行政优益权的行使条件

在行政合同中，行政主体享有行政优益权是一个不可回避的事实，这也是行政合同不同于私法合同的关键。优益权使行政主体作为合同的一方当事人拥有对方当事人所没有的特权，比如就合同的变更和解除等事项享有的单方决定权。这种优益权的存在使行政合同双方当事人的权利义务处于不对等的状态，如果优益权行使不当，极易给相对方的合法权益造成损害。所以在立法中必须明确行政优益权的行使条件及规则。具体而言，对行政优益权的规制应当包括以下内容：

（1）行政优益权的行使条件。优益权是行政主体在行使行政职权的过程中所拥有的优先权和受益权。就行政合同法律关系而言，行政优益权是行政主体独享的权利，行政主体之所以能够享有优益权是基于公共利益的需求。但是因为优益权的存在会直接导致行政合同中双方当事人权利义务的不对等，所以应当严格限定行政主体优益权的行使。

笔者认为，只有满足下列条件，行政主体才能够行使行政优益权，主张并单方面决定变更或解除合同：首先，合同已经订立并正在履行。这是对行政优益权行使期间的限制。在订立合同的过程中，行政主体并无优益权，要与相对方平等协商合同条款。在合同履行完毕后，行政主体丧失优益权，不能因为任何理由要求恢复原状。其次，威胁公共利益是行政优益权行使的前提。行政主体在行政合同的履行过程中，只有基于情势变更而导致如果继续履行原合同内容会损害公共利益的情形，行政主体才可得主张优益权而单方面变更或解除合同。正如日本学者南博方所言，若契约的延续将严重危害公共利益，则应给行政主体以单方解约权。[1] 最后，书面说明理由是行使优益权的必经程序。如果行政主体主张优益权而欲变更或解除合同，必须提供充分的证据证明合同继续履行可能会导致损害公共利益的严重后果，并以书面形式告知合同对方当事人。

（2）对相对方权利的救济。行政主体在行政合同中，主张优益权而给对方当事人造成损失的，应当予以补偿。这既是依法行政的要求，也是合同诚实信用基本原则的要求。由于行政优益权的存在，在合同履行的过程中，行政主体非因相对方的原因而单方面变更或解除合同，可以不必承担合同法意义上的违约责任，但是如果因此给相对方造成了损失，其补偿义务是不可免的。不能以公共利益为由而单纯牺牲某个人的利益。所以，相对方作为合同的一方当事人，在行政主体主张优益权而变更或解除合同时，如有利益受损之情况，可申请补偿。

4. 明确行政合同的公开性

行政合同的公开性是由行政合同之行政性和公务性所决定，是公平公正的要求，是实现惠民目的的保证。它贯穿于合同订立的整个过程。首先，订立合同的方式应采取招投标的方式，在行政合同中，相对方有绝对的选择权，可以自主决定是否成为合同当事人，但是行政主体只享有相对的选择权，即它首先

---

〔1〕［日］南博方：《日本行政法》，杨建顺、周作彩译，中国人民大学出版社1988年版，第66页。

对于自身的合同当事人身份无从选择，其次对于合同对方当事人的选择亦不具有任意性，因为行政合同关涉公共利益，行政主体只能通过招投标的方式选择使公共利益最大化的相对方作为合同另一方当事人，这决定了行政合同订立方式只能采用招投标的形式。其次，行政主体要履行告知义务，全面公开与订立合同相关的信息，以满足公众知情权，保证所有公民机会均等、公平竞争。行政合同中行政主体的优益权决定了它必须同时承担相应的义务，告知义务即是其中一项，行政主体公开了合同订立的相关事宜，相对方才可能权衡利弊，做出正确的判断和决定，使行政合同在实现行政目标的同时，亦有益于相对方，达致双赢。最后，合同订立过程要履行听证程序。因为行政合同是传统规制性行政行为的替代手段，是行政目标的实现方式，同时也关涉公共利益，因而在合同订立的过程中，行政主体应通过举行听证会或者其他便宜的方式，充分听取利害关系人的意见和建议，一方面保证公民的参与权，另一方面使行政合同内容更具理性。

### 三、行政奖励制度的完善

在行政主体所实施的行政管理与行政服务行为中，约束与激励机制均不可或缺。其中的关键问题在于如何在不同的情形下运用不同的手段以达到最好的效果。诚如袁曙宏教授所言：“赏与罚，是矛盾的对立统一，是行政管理手段的两个方面。如果我们疏于规范奖励，严于规范处罚，就像我们轻视奖励、重视处罚一样会犯不可挽回的错误。”[1] 纵观我国行政主体的观念及行为，都过于偏重约束而轻视了激励，这与追求民主政治、人性化行政以及和谐社会的目标都是相悖的，因而这里我们要强调行政激励手段，强调如何完善行政奖励制度，以最大限度发挥其积极作用。

（一）行政奖励的内涵

行政奖励是指行政主体为了充分调动人们的积极性和创造性，实现行政目标，依照法定条件和程序，对实施了符合政府施政意图行为的行政相对人给予物质、精神奖励和其他权益的非强制性行政行为。姜明安教授认为：“行政奖励是行政主体依照行政法律规范针对特定的行政相对人实施的，每一个行政奖励决定，都直接关系到改变相对人的权利和义务，导致实施行政奖励行为的行政主体与受奖励者之间的行政法律关系的发生”。[2] 上述两种概念虽然存在不同之处，但是可以看出行政奖励的对象都是行政相对方，即属于所谓的外部行政奖励。有人将行政奖励分为外部行政奖励和内部行政奖励，认为内部行政奖励也应一并作为行政奖励的研究范畴。如曾荣鑫在《略论行政奖励的概念重构》一文中指出：当前学者们对行政奖励的研究，要么对其不作区分，要么在作了区分后，简单地将内部行政奖励排除在行政奖励的研究范畴外。笔者认为，既然具体行政行为分为内部具体行政行为和外部具体行政行为，相应地，

〔1〕 袁曙宏：《社会变革中的行政法制》，法律出版社 2001 年版，第 275 页。

〔2〕 姜明安主编：《行政法与行政诉讼法》，北京大学出版社、高等教育出版社 1999 年版，第 193 ~ 194 页。

行政奖励也可以分为内部行政奖励和外部行政奖励，它们都是行政法学应该研究的对象。[1] 本书的观点是，所谓的内部行政奖励与外部行政奖励是截然不同的两个概念，二者的适用对象及规则完全不同，结合本书的“行政惠民”主题，只讨论行政主体与相对方之间的关系，所以，本书只在外部行政奖励的层面讨论行政奖励行为。作为非强制性行政行为之一的行政奖励，在行政法学界的研究一直较为淡薄和鲜见，使得包括上述行政奖励外延在内的行政奖励的概念、性质以及行政奖励的设定权归属和行政奖励行为是否可诉等一些基本理论问题都没有达成共识，由此给深化行政奖励的研究、发挥行政奖励的潜能带来较大阻碍。[2]

（二）行政奖励于践履行政惠民的优势

行政奖励是一种非强制行政行为，其行为方式完全迥异于传统的强制性行政行为，其作用机理与强制行政行为方式的作用机理也不同，强制性行政行为是以法律的强制执行为威慑和后盾，并以不利后果承担的可能性作为现实威胁的一种反向督促，从而迫使相对方按行政主体的意志行事、达致行政目的。在强制行政行为中，相对方没有意思自由和选择的机会。行政奖励作为一种非强制行政行为，不是通过对相对方行为的否定性评价来实施的，也不是通过强制和威慑实施的，其作用机理在于从正面引导相对方的行为，使之与行政目的相符。同时，辅之以一定的物质、精神方面的激励，引入竞争机制，鼓励先

---

〔1〕 曾荣鑫：“略论行政奖励概念的重构”，载《科教文汇》2007 年第 6 期。

〔2〕 本书囿于主题及篇幅，对行政奖励的基本理论争议不作评论，在运用基本概念及相关理论时，只采用一些通行的说法。

进，鞭策后进，充分调动和激发相对方的积极性和创造性，从而以对相对方行为的正面评价——奖励——来实现行政目的。因而它与具有强制性的行政命令等行为不同，行政奖励属非强制行政行为范畴，它不再强调行政主体的权威和强制作用，更多的尊重行政相对人的意思自治和选择自由。行政奖励主要通过利益驱动机制，向特定的行政相对人施以作用和影响，并谋求其为或不为一定行为，从而达到一定的行政目的。至于行政相对人是否愿意按行政主体意愿行事，则听凭其自由选择，行政主体的强制权力没有作用的空间。[1] 所以，行政奖励是以柔和手段来实现行政目的，是行政主体实现惠民的一种方式。

首先，行政奖励体现了行政主体的柔性行政思维。在传统的行政法理念中，行政主体行使的是国家的行政权力，应体现其应有的威严，行政主体的权威不可冒犯。所以多以强制性行政行为达致行政目的，而且基于行政主体与相对方的隶属关系，天然成就了行政主体与相对方地位不平等——前者是管理者，后者是被管理者——的事实情况。在由传统的强制行政为主转为现代非强制行政为主的情况下，相应地，也要求改变行政主体的行政思维，即由传统的威权行政思维转变为柔软行政思维，正如莫于川教授的一篇文章之题目："行政可以更柔些"。行政奖励则透彻地体现了这一思维，有利于行政主体以柔性行政的方式为相对方提供服务与便利。行政奖励中完全不带有任何强制和权力性因素，纯粹是行政主体以利益诱导机制引导相对方

---

〔1〕 傅红伟：《行政奖励研究》，北京大学出版社 2003 年版，第 44 ~45 页。

的行为并对相对方行为作出的一种正面评价，以激励的方式通过自愿的形式达致行政目的。

其次，行政奖励作为行政主体的一种惠民方式，体现了双重惠民作用。第一重作用体现为行政主体以行政奖励的方式使相对方受益。行政奖励是在先定奖励条件的基础上指引相对方的行为，一方面为相对方的行为提供了指引，以更宏观的视角协助相对方趋利避害，选择更适当的行为种类和行为模式；另一方面是除了这种对相对方的扶持协助之外，还为相对方提供了物质或精神上的奖励，使相对方在从自身行为获得收益（包括积极收益和消极收益）之外，还能够从行政主体那里获得物质或精神上的满足，并有可能基于此而获取更多的利益。比如，质量技术监督局为经营者颁发的“质量信得过商家”的牌匾，必然会为该经营者带来更多的顾客从而增加其收益。第二重作用体现为行政主体以行政奖励的方式惠及相对方之外的其他人。这种使行政相对方之外的其他人受益主要是通过有效指引相对方之外的其他人的消费行为来实现的。通过行政主体的奖励行为使得一般人能够在交易成本最低的情况下选择最好产品和选取最优服务。因为行政主体的奖励行为是一种具有公示效应的行为，就商家而言，能够为之带来更多的交易机会，而对消费者而言，是为之提供了一个重要的信息，即关于商家经营状况、信誉、价格等多重有助于其选择的信息，而且关键在于这些信息对于消费者个人而言，都是很难得到和无法从其他渠道准确求证的信息。有了行政奖励行为的指引，可以使其能够准确、快捷选择商品和服务，也可以理解为是利用行政主体的管理与服务职能“助消费者一臂之力”，使得处于弱势地位的消费者与商家的天然优势能够得以均衡。

（三）行政奖励制度的建设

行政奖励无疑具有非强制行政行为的基本品格。它以激励为主要手段，以合作为行为基础，将服务、理性、宽容等人文精神融入到现代行政法之中，改变了行政主体居高临下的优越地位，改变了行政主体与相对方的命令—服从关系，将行政相对方在行政法律关系中的角色、地位提升到一个全新的高度，有利于重构现代行政法的权利、义务调整机制，弘扬现代行政法民主、平等观念。

罗豪才教授曾指出：“现代行政法的发展证明，行政权的强制作用并不总是万能的，它会由于相对一方有形或无形的抵制而大大降低其功效；行政机关也并不总是需要运用行政权来强制实现行政目的，它还可以运用一些权力色彩较弱的行政手段来使相对一方主动参与实现行政目的，或自觉服从行政机关的意志，行政指导和行政奖励便是其中重要的几种手段。权力色彩较弱的行政手段的采用，既对传统的行政法理论提出了挑战，也为新的行政法理论的创立提供了例证。”〔1〕 由此可见，行政奖励在现代行政中的不可替代性。日本行政法学者室井力教授认为，现代行政利用各种行为形式，试图达到其目的。它不仅根据权力行为的形式实现其目的，而且也采用极其多样的非权

〔1〕 罗豪才主编：《现代行政法的平衡理论》，北京大学出版社 1997 年版，第 21～22 页。

力行为的形式。“权力行政是国家或公共团体对相对人使用权力手段，也就是在法律上站在优越地位施行行政活动。非权力行政是国家或公共团体对相对人使用非权力手段。也就是在法律上站在对等地位施行行政活动。”〔1〕因此，非强制性行政行为的重要性已被认可，行政奖励作为非强制性行政行为的一种，能够充分调动相对方的积极性，使之积极参与到行政过程中从而为实现行政民主提供前提条件。行政奖励这种柔和的行政方式，有利于将相对方的利益与行政目标相统一，从而在实现行政目标的同时满足相对方的需求，是构建和谐社会中不可或缺的行政方式之一。当下我国行政奖励的实践虽多，但是关于行政奖励的规范性文件却寥寥，可以说行政奖励制度尚存在一些不足，突出表现为行政奖励的设立依据不足、行政奖励的范围不清、行政奖励程序缺乏等，由此导致行政奖励操作上的混乱。笔者认为，为发挥行政奖励的积极作用，应当从以下三个方面对行政奖励制度予以完善：

1. 明确行政奖励的设立依据

基于对行政奖励的性质及其效果的认识的不同，学者对行政奖励应否纳入法制化范畴的问题存有争议。有学者认为，行政行为分为侵害行政和授益行政〔2〕。对侵害行政必须实行严格的法律控制，对授益行政则不必过于苛求，并据此认为实施行

〔1〕［日］室井力主编：《日本现代行政法》，吴微译，中国政法大学出版社1995年版，第34、51页。

〔2〕翁岳生：《行政法》，台湾翰芦图书出版有限公司1998年版，第559～560页。转引自李伟伟：“行政奖励制度刍议”，郑州大学2004年博士学位论文。

政奖励可以没有法律依据，“只有‘侵害行政’或‘负担行政’，才需要有明确的法律依据或法律授权；而非‘侵害行政’，如‘授益行政’则属于行政机关裁量决定的领域，不需要明确的法律依据或法律授权”〔1〕。胡建淼教授则认为，行政奖励的法制化能够规范行政奖励行为，使之有章可循，但是行政奖励并不要求与行政处罚同样适用“无法律明文规定即无效”的规则。在无法律、法规规定的条件下，行政主体可以依据自由裁量权作出行政奖励。〔2〕姜明安教授认为，以授益行政行为和负担行政行为为标准界定行政行为法制化的范畴已经不合时宜，因为当一个行政行为有两个行政相对人时，对一个行政相对人可能构成授益行政行为，对另一个行政相对人则可能构成不利行政行为。当一个行政行为是为了维护公共利益时，则构成对不特定行政相对人的不利行政行为。〔3〕也就是说，从不同的角度看行政行为，可能都划入负担性行政行为范畴，即所有的行政行为均有给相对方设定义务、剥夺、限制相对方权益的可能，因而所有的行政行为，包括行政奖励行为在内都应纳入法制化轨道，要有法可依，有章可循。这样才能规约行政奖励行为，不会导致“滥奖”而影响行政主体的形象，明确行政奖励的设立依据，防止行政奖励泛滥而降低行政奖励的“含金量”，也避免影响相对方争取奖励的积极性，从而最大限度发挥行政奖励的激励作

---

〔1〕 傅士成：《行政强制研究》，法律出版社2001年版，第26页。

〔2〕 胡建淼主编：《行政法学》，复旦大学出版社2003年版，第117页。

〔3〕 参见姜明安主编：《行政法与行政诉讼法》，北京大学出版社、高等教育出版社2005年版，第180页。

用，并最终实现通过激励机制达致个人利益与公共利益的双赢。

2. 明确行政奖励的程序

行政行为的实施离不开程序，尤其对于非强制行政行为而言，由于其行为内容的灵活性致使实体法对之规范不能过细，在这种情况下规定行为的程序更为重要。正如有学者所言，通过对行政行为的过程来控制行政权利在当代已成为行政法的一大趋势。[1] 程序的规范可以保证行政行为的合法性，并保持其制度设立之初衷。笔者认为，行政奖励程序的完善应当包括以下几个方面：其一，明确行政奖励的公开制度。行政主体应当将奖励的内容、方式、程序以及奖励条件向社会公开，这有利于保证奖励行为的公平、公正，也有利于相对方在平等基础上的竞争以保证机会均等。因为行政奖励行为是具有一定法律后果的行为，是对受奖者的一种肯定性评价，而且一旦受奖者获得了一种由国家认可的资格，就会依此资格取得一定的权益。比如行政机关为商家颁发的“质量信得过商家”的奖励牌匾，会使该受奖者在同等条件下更易取得消费者信赖而获得良好的经济效益。因此，行政奖励必须公开。其二，明确行政奖励的异议程序。行政主体作出奖励决定后，应当在一定的范围内予以公告，同时规定一个异议期，在异议期内，任何公民、法人或其他组织可以提供证据说明奖励与事实不符或奖励依据不足，作出奖励的机关应当认真审查异议人的异议理由及其所提交的

〔1〕 孙笑侠：《法律对行政的控制——现代行政法的法理解释》，山东人民出版社 1999 年版，第 227 页。

证据，查证属实者，立即收回奖励，并在奖励公告的范围内公告撤回。如果异议期满，没有人提出异议或异议不真实，则奖励生效。设置奖励异议程序可避免因相对方弄虚作假或行政主体审查不力而导致奖励与事实不符，从而打击相对方的积极性。同时，这种异议程序也能保证行政主体职务行为的权威不被损害。其三，明确行政奖励的时效制度。行政奖励是对行政相对方在特定时期所为的特定行为予以认可和鼓励，如果时过境迁，或者该行为从性质上已经不具备先进性，或者该获奖者的后续行为或状态已不符合获奖条件。行政奖励并不是一个单纯的完成形态的行为，而应当是一个持续的过程，行政奖励的效果体现在一个时间段，而非一个时间点上，所以，行政奖励应当明确其有效期，过期的奖励即作废，授奖机关要及时把相关的奖励牌匾或证书收回，避免获奖人产生一劳永逸的念头，避免奖励后名不符实的后果。

3. 明确授奖主体的监督职责

当下行政奖励的最大问题不是奖励授予前和奖励授予中是否具备合理性，而是奖励之后的监督问题。即在行政奖励授予后，受奖主体能否持续保有荣誉，而授奖主体应当监督该受奖者持续满足获奖条件，使之在该奖励的有效期内能够持续正当拥有该奖励。实践中有很多情形，行政主体在颁发奖励后由于监管缺位，使得获得奖励的主体在获奖后不能保持荣誉而损害行政主体行为的公信力，造成其他人的误认和利益受损。所以，应当加强行政奖励有效期限内的监管。当下的问题主要表现在这个环节，行政奖励往往更注重的是事先审查，在给予奖励后缺乏监管，导致一些奖励获得者的行为不能一以贯之而引发各种问题。虽然行政奖励的初衷是行政主体以激励性的手段引导相对方的行为，行为中不含有命令或强制的成分，但是因为其行政奖励的实施具有一定的公信力，公众基于对行政主体及其行政奖励行为的信赖而对获得奖励的相对方也当然产生信赖的情形是合理的，因而，行政主体在行政奖励之后，仍然负有监督相对方行为、使之在奖励的有效期限内保持其获得行政奖励时的状态的职责，以保护信赖者的利益。从这个角度来看，行政奖励又不单纯是授益行为，还要求获奖者履行相应的义务保有荣誉，行政主体也不单纯是以柔性手段授奖，还包括授奖之后的一定强度的监管。

## 四、行政调解制度的完善

调解作为一项制度和一种实践，在我国由来已久，这与我国的历史文化传统密切相关。儒家代表人物孔子在《论语·学而》中写到“礼之用，和为贵，先王之道斯为美。”在这样以“和为贵”为核心内容的文化背景下，古代中国必然孕育形成一种所谓“不伤和气”的纠纷解决方式，即调解。这种文化经过长期的积淀，在中国就形成了调解传统。当然，这种“和为贵”的文化传统以及以调解的方式解决纠纷的习惯与中国的自给自足的小农自然经济、宗法家族制度、儒家思想意识形态都有密不可分的关联。所以说，中国传统的法律文化是调解制度产生的根源和发展的沃土。而调解所具有的合意性、自愿性又恰好与当下构建和谐社会的要求相契合，尤其是行政调解，对于畅通官民联通渠道、理顺社会关系大有裨益。但是当下，由于我国尚未制定专门规范行政调解的法律法规，行政调解存在行政调解人员依法调解意识不强、行政调解的范围不清晰、行政调解程序不规范、行政调解体制和机制不完善等问题。

（一）行政调解的内涵

行政调解是指由国家行政组织主持，依据国家法律法规和政策，以自愿为原则，通过说服教育的方法，促使争议双方当事人友好协商、互谅互让、达成和解协议，从而解决双方之间争议的活动。[1] 可见，行政调解包括以下要点：

1. 行政调解的主持者是行政主体

行政调解的这一特点使之与人民调解和司法调解区别开来。人民调解的主持者是人民调解委员会，司法调解的主持者是人民法院。这是首先必须要明确的一个前提问题。行政调解中调解主持者的特定性为行政调解规划了一个基本框架，即行政调解应用的是行政职责，而非审判权力。

2. 行政调解的前提是自愿

行政调解的主持者虽然是行政主体，但是行政调解作为一种非诉讼解决机制，并非是任何纠纷进入诉讼或者仲裁的前置程序，它的启动只能是基于纠纷双方当事人的自愿。当事人自愿申请或接受调解是行政调解合法性的基础。这里之所以要强调当事人的自愿，是因为行政调解的主持者是行政主体，虽然行政调解属于非强制性的行政方式，行政主体不得利用其所拥

〔1〕 胡建淼主编：《行政法学》，复旦大学出版社2003年版，第246页。

有的行政权力强行调解，这种调解只能理解为是行政主体在履行消除冲突、定纷止争方面的职责。但是客观上调解人毕竟拥有不可回避的行政权力，实践中难以避免在行政调解中掺杂行政权力，并因此损害当事人的意思自治，所以一定要强调行政调解中的自愿，包括启动行政调解的自愿和在行政调解过程中的自愿以及对达成调解协议的自愿，防止行政主体利用行政权力强行调解而损害行政调解的非强制性品格，并妨碍行政调解所具有的行政服务于民的作用的发挥。

3. 行政调解的范围界定

行政调解的范围有限，并非所有的纠纷都可以经由行政调解，当下对行政调解范围的界定也存在一定的争议，对此有一定代表性的观点认为，行政调解的范围大致局限于民事纠纷、轻微违法行为、权属争议及行政赔偿和补偿的数额争议这几个方面，而且还不涵盖上述这几个方面的全部。[1] 显然，现行行政调解的范围抛开了大部分行政纠纷，仅将行政赔偿和补偿数额争议纳入其中。这与传统观念中行政权力行为不适用调解的原则相关。因为在传统的行政理念中，行政行为属于行政主体行使行政权的行为，大多行政纠纷均与行政行为相关，而行政权力是国家权力的组成部分，是与民事权利截然不同的两类权利，是不可以由行使主体来任意处分的，而调解又都是在争议当事人双方互谅互让的基础上进行的，既然行政权力的行使主体没有处分行政权力的权利，也就使得对于行政纠纷的调解失

〔1〕 金艳："行政调解的制度设计"，载《行政法学研究》2005 年第 2 期。

去了前提条件。所以，传统行政法中的行政纠纷自然不能适用调解。所以，从理论上看，行政调解的范围主要是与行政管理相关的民事争议，或者是与行政自由裁量权行使相关的行政争议以及行政赔偿和行政补偿争议，即所有能够适用行政调解的争议都具备一个共同的特征，即当事人对争议的事项在法律允许的范围内均享有一定的处分权。从实践情况看，行政调解大量涉及民事争议，如劳动争议、医疗事故、交通安全事故、拆迁争议、环境污染事件等。此外，国务院《关于加强法治政府建设的意见》明确行政调解的范围是行政争议和民事纠纷。结合理论研究的成果与实践中的情况，行政调解的范围最终应当定位于只要是与行政机关行政职权有关的争议纠纷，都应当是行政调解范围，包括行政争议和民事争议。

4. 行政调解的效力

行政调解不具有强制执行的效力。在行政主体的主持下，双方当事人就纠纷或争议所达成的调解协议不具有强制性，任何一方当事人反悔，均可以采取诸如诉讼、仲裁等其他纠纷解决方式。所以说，当下的行政调解是完全建立在当事人自愿的基础之上，无论是调解程序的启动，还是调解协议的内容，以及最后调解协议的履行均仰仗于当事人的自愿，在程序运行的过程中，在任何一个环节存在当事人不自愿的情形，都会导致行政调解终止。行政调解不具有强制执行的效力是由行政调解不得运用行政权力的传统观念决定的。同时，行政调解协议不具备强制执行效力又为当事人采取其他纠纷解决方式提供了可能。但也使行政调解的作用大打折扣。

### （二）行政调解于践履行政惠民的优势

#### 1. 化解、消除社会矛盾，营造和谐社会氛围

尽管现在诉讼制度已经越来越完善，但现实中诉讼往往是争议双方矛盾不可调和的体现，而诉讼程序的推进以及可能出现的强制执行，将可能导致双方矛盾的尖锐化和关系的彻底破裂。在调解中，没有原告和被告，双方是在调解机构的主持下协商解决纠纷，所以，被申请的一方既不会感到丢面子，也不会感到屈辱和愤怒。[1] 因为以调解这种比较柔和的方式来解决纠纷，对当事人而言更容易接受，这首先就化解了当事人的部分对抗心理，容易经过劝说而互谅互让，达成协议，从而彻底消除矛盾达致和谐。但是如果通过诉讼途径解决纠纷，争议双方就完全处于一种对抗的地位，存在一种对抗的心理，在这种对抗心理的驱使下，双方很难达成一致，而经判决或裁定达到的定纷止争却只是一个表面问题，只是对客观的权利义务进行了配置，当事人之间内心的恩怨或矛盾很难消除。关于这个问题，谷口安平先生有一段精彩的论述：所谓通过诉讼达到的判决使纠纷得到解决，指的只是以既判力为基础的强制性解决。这里所说的“解决”并不一定意味着纠纷在社会和心理的意义上也得到了真正解决。由于败诉的当事者不满判决是一般现象，表面上像是解决了的纠纷又有可能在其他方面表现出来。[2] 所

---

〔1〕 李浩：“调解的比较优势与法院调解制度的改革”，载《南京师大学报》（社会科学版）2002年第4期。

〔2〕［日］谷口安平：《程序的正义与诉讼》，王亚新、刘荣军译，中国政法大学出版社2002年版，第45～46页。

以，从这个方面来看，调解于达致和谐社会的目的上较诉讼及其他解决纠纷的形式所具有的优势非常明显。

2. 节约纠纷解决成本，弥补司法资源之不足，快捷解决争议

诉讼似乎是一种保障公平正义的完美制度，但实际上诉讼解决纠纷存在很多局限性。首先，诉讼的成本高昂。这里的成本包括经济成本和时间成本。当事人进行诉讼要交纳诉讼费用，此外，聘请律师的费用以及其他相关费用的支出也不可避免，如鉴定费、评估费、交通费等。其次，国家要负担维持审判制度的各种费用，包括法官的工资、法院的建设等。除了上述诉讼的经济成本外，诉讼的时间成本也不小。因为诉讼要求遵循严格的程序，诉讼中的程序设计是具有普适性的，那么针对个案而言，有些程序并非必要，但是也同样不得省略，由此导致一些不必要的时间延误，此外，由于案件过多而人力资源不足也是诉讼迟延的一个原因。而且为了留有余地，法律将诉讼程序期间规定得又相对较长，比如我国民事诉讼案件的一审审限规定为6个月，二审审限为3个月，正常情况下走完二审终审程序都要9个月的时间，这还要求在诉讼中不要出现其他诉讼中止、中断的事由，不要有需要评估或鉴定的事项，否则时间会更长。不管什么原因，如果所有的纠纷都依靠诉讼解决，则诉讼解决纠纷的成本会成为国家和当事人难以承受的负担。调解则因为没有那么严格的程序限制，方式过程灵活，且在当事人非对抗的基础上解决争议，所以方便快捷，既节约了成本，又弥补了司法资源的不足，而且能够为当事人之间纠纷的解决提供快捷的服务。

### （三）行政调解制度的建设

#### 1. 扩大行政调解范围

如前所述，当下的行政调解仅适用于民事纠纷、轻微违法行为、权属争议及行政赔偿和补偿的数额争议这几个方面，而且还不涵盖上述这几个方面的全部。将行政争议排除在可调解的范围之外，其基本的理由便是“公权不得处分”理论。但是这种理论只能作为一个原则，而有原则就有例外，绝对地禁止行政纠纷适用调解已经不合时宜，不利于调和矛盾、彻底消弥官民冲突，也不利于畅通官民之间的沟通渠道从而达致和谐的社会关系。因而，当下将行政调解的范围扩至行政纠纷的呼声越来越高。笔者也认为行政调解的方式可以适用于行政纠纷，理由如下：

首先，“公权不得处分”原则不是无条件适用，在行政主体自由裁量权范围内的事务可以进行调解，从而动摇了行政争议不适用调解的基础。在理论上应对“公权不得处分”原则予以澄清，明确“公权不得处分”中的“处分”与民事权利中的处分含义不同。民事权利中的处分含有法律明文禁止之外的任意行使、转让和放弃的权利；行政主体对公权确实没有民事主体对民事权利那样的处分权，但是行政主体拥有自由裁量权也是一个不争的事实，行政主体可以在自由裁量的范围内行使公权力，这也就意味着行政主体行使公权力也可以是有一定的弹性范围和回旋余地的，在此范围内，可以理解为行政主体对公权有处分权，因而是可以和相对方协商的，这样行政争议一律不适用调解就失去了存在的基础。

其次，来自刑事诉讼中“辩诉交易”制度的灵感。辩诉交易制度是指检察官和辩护律师在正式审判开始前对被告人的定罪量刑问题所进行的协商和交易，所以又称为辩护协商或辩护谈判。在19世纪的美国就能发现类似的辩诉交易判例。但其作为制度正式出现是20世纪30年代的事情。为了及时解决过重的案件负担，一些大城市的检察官开始采用与被告人“协商和交易的方式”，以换取被告人的“认罪答辩”而结案。这种结案方式灵活、迅速、有效地节省了司法资源，提高了诉讼效率，因而在联邦及各州得到广泛的采纳。西方很多国家，包括我国台湾地区对这种制度均予以认可。笔者认为，既然刑事犯罪问题可以辩护协商或辩护谈判的方式和平解决，而显见刑事犯罪的社会危害性及行为违法性都大于行政纠纷中涉及的问题，行政纠纷当然可以协商解决。从另一个角度看，一国追诉刑事犯罪的权力是国家权力的构成部分，毫无疑问属于公权力，辩诉交易制度的实施可视为司法机关对公权力的一种法律框架内的处分，由此再次打破“公权不得处分”的神话，那么同样作为公权的行政权，应当也可以由行政主体在法律框架内予以处分，由此为行政纠纷适用行政调解奠定了基础。

最后，我国当下的实践呼吁行政争议适用行政调解制度。最后一点但并非是最不重要的一点，相反，这一点对于行政纠纷适用调解制度的确立可能是最重要的依据，因为所有的理论都是为实践服务的，实践的需求就是理论产生和存在的最充足理由。综上，就我国当下的情形而言，无论从理论上还是从实践需求来看，均应将调解应用于行政争议，从而扩大行政调解的范围，使之在民事纠纷和行政争议中均能发挥作用，平息矛盾，解决争议，营造和谐的社会关系。

2. 明确行政调解的程序

行政调解具有灵活性的特点是一个不争的事实，但是它也同样需要程序规范。如果没有程序规定，很难区分行政法治和肆意的人治。其实我们讲行政法能够规范行政权力的行使，而在规范行政权力方面起重要作用的就是行政程序。哈罗德·J. 伯尔曼先生指出，法律是分配权利与义务，并据以解决纷争，创造合作关系的活生生的程序。〔1〕在以前，因为行政调解的适用范围窄，调解协议又没有强制执行的效力，所以行政调解通常都比较随意，没有特定的程序要求。但是在大力构建和谐社会的今天，行政调解在定纷止争、和谐社会关系方面的积极作用又使人们开始关注行政调解制度，并且行政调解在实践领域内的频繁适用也需要相应的程序来规范。笔者认为，完善行政调解程序可以从以下几个方面着手：其一，明确行政调解中当事人所享有的程序性权利。在调解中当事人所拥有的程序性权利在民事法律中较为常见，法律规定也较为成熟，一般适用于司法调解。但是行政调解程序中却没有，笔者认为，赋予当事人以调解过程中的程序性权利的目的在于保证调解的合法自愿与公平公正，这无论对司法调解，还是对行政调解都是一样适用的，所以在行政调解中也应当认可当事人享有申请回避权、参与调解并申辩的权利等。其二，明确行政调解的时限。“迟到的正义非正义”。

〔1〕［美］哈罗德·J. 伯尔曼：《法律与宗教》，梁治平译，三联书店 1991 年版，第 38 页。

如果行政调解久拖不决，即使最后调解成功并对当事人的权利义务在自愿基础上给出了公正的界分，也会因其“迟到”而减损当事人的权益，所以应当明确行政调解的时限。其三，明确行政调解工作人员的义务和责任。行政调解作为行政机关工作人员的一项工作内容，首先必须明确调解主体应当在合法和自愿的原则下开展调解工作，不能利用职权强制性调解，也不能利用职权强制当事人任何一方接受调解协议。其次必须明确调解人员负有保密义务，对调解的过程中所知悉的国家秘密、商业秘密或者是个人隐私，其有保密的责任，不得泄露或传播。

3. 强化行政调解协议效力

当下，对于行政调解协议并没有赋予法律上的强制执行效力，也即经行政调解达成协议后，如果当事人一方或双方反悔不自动执行调解协议的内容，该调解协议即视为不生效，当事人可采取其他方式，如诉讼或仲裁来重新解决争议。这种规定笔者并不认同，笔者认为，应当赋予行政调解协议以法律上的效力，也即如果行政调解确是在合法自愿的基础上进行，且争议双方自愿达成协议，应当认可该协议具有法律效力。

由于行政调解协议不具备法律效力，使得行政调解在实践中的作用大打折扣，根本无法达到节省司法资源、缓解法院积案压力的目的。而且，不赋予行政调解协议以法律上的效力在理论上亦没有依据。尤其是在2002年最高人民法院颁布了《关于审理涉及人民调解协议的民事案件的若干规定》以后，更不应当否认行政调解的效力。该解释第1条规定：“经人民调解委员会调解达成的、有民事权利义务内容，并由双方当事人签字或者盖章的调解协议，具有民事合同性质。当事人应当按照约定履行自己的义务，不得擅自变更或者解除调解协议。”由此，我们可以看出，该司法解释认可了经人民调解委员会调解达成的协议具有法律效力，既然人民调解委员会调解达成的协议能够具有法律效力，为什么行政调解达成的协议不具有法律效力呢，这全然说不通。在行政调解中，行政主体也是作为第三方对纠纷双方的争议予以调解，也遵循了合法与自愿的原则，可以说，与人民调解委员会作为第三方的人民调解并无二致，在司法解释赋予人民调解达成的调解协议以法律效力的同时，当然也应认可行政调解协议的效力。

## 五、信息提供[1]制度的完善

行政主体惠民的方式很多，可以是利用行政权力实施行政

〔1〕 信息提供与政府信息公开相类似，但又不完全等同。我国于2007年颁布、2008年5月1日开始实施的《政府信息公开条例》明确了各级各类行政主体所承担的政府信息公开义务、公开的范围、公开的方式与程序以及信息公开的监督和保障。此条例的颁布在民主的进程上前进了一大步。但是笔者认为政府信息公开这一词汇与本书的核心——惠民，不够契合。本处使用的信息提供所传达的服务性更强，有为公众和特定的有需求的相对方提供信息服务的味道。虽然行政主体的职权与职责是不可分开的两个部分，但终究各有强调的侧重点。所以，如果说政府信息公开是从行政主体的职权角度来谈，那么政府提供信息就是从行政主体的职责角度来谈的。就另一个维度而言，在行政法律关系中，我们的思维定势依旧是主要关注行政主体，依法行政和保护相对方合法权益的进路也是通过对行政主体权力的限定来达致，因而一直以来使用的都是政府信息公开。但是本书的主题是惠民，“民”即行政相对方被提到了安排行政制度的框架和视野中，强调了一种不同的研究进路，即不再仅仅通过对行政主体权力的限定或者责任的课加来保障和增进相对方的权利，直接以相对方的权利保障为向度谈行政主体应当承担的职责。所以这里使用了“信息提供”，而没有沿用政府信息公开的提法。

指导或行政奖励等行政行为，以引导相对方的行为向着符合行政目标的方向发展，从而达致行政主体与相对方的双赢，而且因为行政行为手段的柔和性，有利于融洽行政主体与相对方的关系，达致社会和谐。行政主体的惠民方式除了以直接的手段给相对方以利益外，还可以运用间接手段以服务的方式予相对方以利益，为相对方提供信息即是这种间接服务手段的体现。当下是一个信息时代，谁掌握信息谁就掌握了主动，而行政主体作为公权力的行使者，作为拥有专门技术和知识的组织体，与公众和其他社会组织相比，拥有制作、收集、获取信息的权力和技术优势。据统计，我国行政机关掌握着大约80%的信息。[1] 信息对主体的作用越大，由于行政主体与相对方的信息不对称导致的权力与权利之间的失衡状况就越严重，由行政主体承担为公民提供信息的义务也就越重要。所以，在信息时代，提供信息应当成为行政主体的当然义务。

行政主体应当提供的信息可以分为两类：一是政务信息的提供，此类信息通常关系到通过保障公众知情权的方式惠及民众。此类信息一般包括国家法规与规章以及其他规范性文件、财政预算决算报告、国民经济与社会发展规划、重大项目的批准实施情况等。二是其他信息的提供，用以实现对公众的“生存照顾”。此类信息一般包括扶贫、教育、医疗、社会保障、促进就业等方面的政策、措施及其实施情况，行政事业性收费的

〔1〕 刘爱芳：“以平衡论为视角看我们需要什么样的政府信息公开制度”，载《湖湘论坛》2007年第1期。

项目、依据、标准，征收或者征用土地、房屋拆迁及其补偿、补助费用的发放、使用情况，社会公益事业建设情况等。

（一）行政主体提供信息是惠民的一种方式

行政主体作为公权力的行使者，较相对方而言，手中握有更多的信息资源，而就这些信息资源而言，有很多一直都被行政主体所垄断，普通民众通常是难以得知的。但是这种情形是有悖常理的，也侵犯了民众的知情权。所谓知情权是指公民、法人及其他组织向特定的国家机关、公共机构请求公开与其自身切实相关的资讯、信息的权利。公民的知情权是随着现代法制的发展应运产生的，它能最大限度地保护公民的权利，使公民得知相关信息，并由此作出对自己权益最有利的选择。政务信息应当属于一种公共资源，包含在公民知情权的范围之内，公民有权利知悉其内容，包括知悉其现状及其发展运行的态势。这样，才能为公民与行政主体处于平等地位、使公民权与行政权平衡提供前提条件。正如詹姆斯·麦迪逊所说："掌握知识者通常支配不掌握知识者，因此，要使自身成为统治者的人民，必须从信息情报中获取知识，把自己武装起来。"〔1〕所以，政府提供信息既是其给惠于民的方式，也是给惠于民的保障，只有在信息对称的基础上行政主体与相对方之间才能够真正搭建沟通与对话的平台。

1. 行政主体应予提供的政府信息

依我国新颁布的《政府信息公开条例》的规定，政府信息

〔1〕 刘爱芳："以平衡论为视角看我们需要什么样的政府信息公开制度"，载《湖湘论坛》2007 年第 1 期。

即是指行政机关在履行职责过程中制作或者获取的，以一定形式记录、保存的信息。既然政府信息是由行政机关制作或留存的，这又属于一种公共资源，其当然有义务将之原原本本提供给公众。这既是公民知情权的要求，也是当下构建服务型政府和阳光政府的需求。也就是说，从行政主体公开政府信息这一层面而言，这是行政主体的义务，是公民知情权利的对应面。同时，行政主体及时为公民提供政府信息，实行信息公开，是公民、法人和其他组织参与公共事务管理、监督政府权力运行的前提和基础，因为公民只有在了解情况的基础上才能真正地参与到公共事务的管理中来，才能真正地实现参与权。此外，行政主体公开政府信息，也是建立行为规范、运转协调、公正透明、廉洁高效的行政管理体制的重要内容，有利于民众对行政主体的监督。而且只有实行政府信息公开，才能打破政治神秘感，改变行政主体高高在上的工作作风，使行政主体与相对方处于平等的地位，并进一步使民众意识到自己的主人身份，唤醒其公民意识，从而使民众能够积极参与到国家与社会事务的建设和管理中来。

所以说，行政主体提供政府信息，是保障公民知情权的前提，是实现公民参与权的基础，是行政主体应予履行的义务。如《广州市政府信息公开规定》第 4 条明确规定了“各级人民政府及其职能部门以及依法行使行政职权的组织是公开义务人，应当依法履行公开政府信息的义务。个人和组织是公开权利人，依法享有获取政府信息的权利。”除了上述地方性法规规定行政主体为公众提供政府信息的义务之外，《政府信息公开条例》的颁布，更是以国家规范性文件的形式肯认了行政主体为公众提供政府信息的义务，从而将行政主体提供信息的惠民措施纳入法治化进程，使得行政主体的服务性有了法律的依据，构建服务型政府有了法律的保障。

2. 行政主体应予提供的其他信息

如果上述关于公开政府信息是行政主体提供信息的第一层义务，关于提供信息的第二层次——行政主体提供其他信息——就是行政主体的直接惠民举措了。这里的其他信息是相对于政府信息而言，在政府信息范围之外的关涉普通民众切身利益的各种资料文件及消息。当今社会是一个信息爆炸的时代，但是作为一个普通的民众，如何能够判断其所得到信息的真伪呢？如何能够经由其信得过的途径去验证信息之真伪是一个关系其切身利益的很重要的问题。在市场经济条件下，由于私主体的营利目的及趋利避害的本性，必然会使他们之间存在利益冲突，处于利益相对立的双方很难相信对方提供信息的真实性，此时他需要一个信得过的第三方给出权威的判断，这就是所说的“官方”以及“官方消息”。这里的“官方消息”也即来自各类行政主体的消息。对于普通民众而言，行政主体提供的信息是唯一的“可靠”消息，有了可靠的消息，普通民众才得以合理安排自己的生活和工作。如果得到的信息不真实，也会使民众作出错误的决策而导致其权益受损。由此可见，真实而充足的信息对于大众而言重要且有价值，因而行政主体在以各种服务方式惠及民众之时，一定不能忽略提供充足信息的服务方式。

（二）行政主体提供信息的现状及不足

行政主体的身份和地位使他掌握了大量的政府信息以及其他各类信息，由此造成行政主体与相对方在拥有信息量方面的不对称，只能通过课以行政主体提供信息的义务来平衡。在我国大力构建和谐社会的背景下，提出了关于建构服务型政府、责任政府、阳光政府等理论，在观念上也发生了一些转变，行政主体在行使行政权力、履行行政职能的手段方面也不再单纯依靠强制和命令，行政相对方的地位亦有所提升。尤其是在《政府信息公开条例》颁布之后，由于以立法的方式责令行政主体提供政府信息，使得行政主体与相对方之间的信息不对称的情形有所改观，但是关于行政主体提供信息的现状依旧不尽如人意。其不足之处主要表现在以下几个方面：

1. 行政主体提供信息的随意性大

行政主体在提供信息方面处于绝对的优势地位，提供何种信息以及以什么方式提供信息完全由自己决定，导致在提供信息方面具有较强的随意性。尽管在《政府信息公开条例》中对于行政主体公开信息的范围作了原则性规定，但这仅是一个原则性规定，而且在规定中还处处体现了主观性判断，比如该条例第 9 条规定了公开的范围，其第 1 项规定“涉及公民、法人、其他组织切身利益的”信息应予以公开。这种规定本身合情合理，没有问题，但关键是由谁来判断什么样的信息属于涉及公民、法人及其他组织切身利益，又以什么样的程序来判断，相对方对此有无救济的权利等问题均没有涉及。很显然，这些问题都是由行政主体单方面决定的。再如该条第 2 项规定“需要社会公众知晓或者广泛参与的”信息应当予以公开，这里的措辞——“需要”——更加表明了行政主体对于公开什么信息具有当然的决定权。这种行政主体提供信息的随意性会使信息公开的社会作用大打折扣。

2. 提供信息的时效性不强

在当下构建和谐社会的大背景下，各行政主体根据民主行政和服务行政的要求均已采取了一定的措施，最抢眼的就是各级政府及职能部门都建立了自己的门户网站，并以此作为公开和提供相关信息的基本平台，对于普通民众而言，如果需要相关信息，也会第一时间到该门户网站寻找。众所周知，信息的价值就在于它的时效性，信息越新，价值越大，过期的信息则一文不值。但当下行政主体提供信息的问题就在于其时效性不强，在网站上挂着的信息都是一些颁布了很久的法律法规和一些政策性文件，或者是一般仅涉及政府及其职能部门已经公开并早为人所共知的一些规章制度与办事程序等，而对公众更为关心的诸如拆迁补偿标准、税款缴纳、福利医疗标准等具有时效性和指导性的信息则公布的少，一些有价值的新信息在网站中根本无法找到。

3. 提供信息的互动性不够

目前，我们的行政主体也会公开或者是提供一些信息，但是无论是公开信息，还是提供信息都有一个受众的问题，而且其所公开或者是提供的信息是否为其受众所需求是一个关键问题。所以行政主体公开信息和提供信息之前，必须要了解民众关心的热点在哪里，是什么问题，然后才能有针对性地提供信息。但是现在的问题在于对行政主体提供信息的过程，普通民众不能参与进去，对于行政主体要提供什么样的信息，普通民众也没有话语权，使得原本具有较强互动性的信息提供变成了纯粹的单方行为，即行政主体的信息发布，自说自话。这种从政府自身的角度出发而主动公开信息，而很少或基本没有从公众角度考虑，忽视了公众对信息的需求，而且与公众对信息需求同时被忽视的还有公众的权利主体地位。这种局面同样会导致信息公开和提供的作用缩减，不能达到预期效果。

（三）行政主体提供信息制度的建设

行政主体公开政府信息或者为公众提供其他信息本是构建服务型政府达致社会和谐的良策，但是当下的行政主体提供信息还存在着一些不足之处，致使其不能充分发挥其应有的作用，针对存在的上述问题，笔者认为可以从以下几个方面予以完善：

首先，强化行政主体信息提供过程中的公众参与权。要求行政主体在公开或提供信息时应与其受众，即普通民众，有充分的互动，通过各种途径让受众参与到信息公开和提供的过程中来，使行政主体提供的信息与民众真正想了解的信息保持一致。公众的参与程度能够最真实地反映一国的民主进程。正如科恩所言“民主的尺度可以通过公众参与的普遍性、充分性和广泛性来衡量”。在我们大力加强行政民主建设的过程中，公众的参与权当然不能忽略。

在行政主体信息提供中强调公众的参与权，是公众权利主体地位的内在要求。既然把公众或者说相对方看做是与行政主体提供信息义务相对应的权利主体，义务主体的行为当然要配合权利主体的要求，行政主体在提供信息的过程中当然要充分考虑权利主体的需求，这必然要求公众参与到信息提供的过程中，充分表达自己的意愿，为行政主体提供信息的行为指引方向。在行政主体信息提供中强调公众的参与权，是克服信息提供随意性的关键。在信息提供中，公众如果能够充分参与，势必使得行政主体提供信息的内容、方式等问题置于公众监督之下，如此行政主体就很少有机会按自己的好恶来确定提供信息的内容及方式，从而减少信息提供的随意性。强调信息提供的公众参与，能够增强行政主体与公众之间的互动，使得信息提供不再是行政主体的单方行为，而变为行政主体与公众的双方行为，从而保证行政主体的信息提供是一个积极的、活跃的、动态的过程。通过公众的参与，能够及时反映公众的现时需求，行政主体在可能的基础上满足其需要，使得信息提供具有针对性、时效性。

其次，加强行政主体自身建设，提高其提供信息方面的能力。就信息公开和提供而言，不仅仅是单纯的信息发布的过程，还存在一个信息的整合，行政主体应当通过各种途径，加强学习，强化信息提供的能力，按照不同的标准把相关事件的信息整合在一起，有顺序、有条理、有侧重，满足不同公众的需求，使相对方对相关信息有系统的把握，而不致因为信息片面产生误会，从而更好地为公众服务。

最后，强化监督机制。上述关于强化公众的参与权和加强行政主体自身建设，都是在信息提供的双方当事人身上下功夫，就客观而言，行政主体相对于每个普通民众而言，其优势是不言自明的。因而对于其信息提供行为仍然需要予以监督。这种监督可以是全方位的，既包括权力机关的监督，也包括司法机关的监督，当然，司法机关的监督范围仅限于对行政主体提供信息的合法性方面予以监督。同时，还应当包括新闻舆论的监督。通过全方位的监督，促使行政主体提供信息的行为更加规范，从而达致服务民众、惠及民众的目的。

# 结 语

20世纪30年代，资本主义世界性经济危机的爆发，使人们得出了“市场失灵”的结论，一向作为资本主义世界主流观念的经济自由主义受到了强劲的挑战，人们对市场失去了信心，转而求助于政府，各国政府开始了大规模地对经济乃至社会生活的干预。但是不久，这一切又湮灭在对福利国家的批判声中。于是，20世纪70年代，西方各国又开始了大规模的公共行政改革，以期能够寻求政府失灵的解决之道。为此，先后出现了新公共行政、新公共管理和新公共服务三条路线。我国的改革进路和西方国家不同，我们没有经历市场失灵和政府失灵，从一开始就是全能政府，只有对全能政府的逐渐改造，转变政府职能——由管制到服务，调整行政手段——由单方决策到双方合意决策。将政府不该管也管不好的领域放权给市场和社会自治，打造服务型政府，树立行政主体的服务精神，倡导行政主体为相对方提供服务、给惠于民。

行政主体与行政相对方的关系以及行政主体权力与相对方权利之间的关系是行政法中的核心问题，也是行政法的一对基本矛盾，行政法律制度都是围绕这一核心问题展开和建构的。关于二者关系的认识在不断发展和深化，行政法的基本理论也是基于对行政权力与相对方权利关系的认识不同而更迭变化，直至当下的平衡论，这一具有时代气息和包容性极强的行政法基本理论，大致终结了关于行政法基本理论问题的争论。平衡论者主张行政权力与相对方权利应当保持一种动态的平衡，由此使得在不同的历史时期，平衡就有了不同的内涵。我国在十六届四中全会中正式确立构建社会主义和谐社会的目标，而和谐社会首先是民主法治的社会，是人民权利得到普遍认可并得以保障的社会。所以，行政主体尊重并保护、增进相对方权利就成了新时期权力与权利之间平衡的内容，这也是本书所论述的主题——行政法的新理念——行政惠民。本书在阐述这一理念的过程中，以权力与权利之间的关系为切入点，论述在不同时空背景下不同的权力和权利关系，在管理论作为行政法的基本理论时期，奉行国家权力对社会生活的全面控制与管理，权利会被权力所笼罩，几乎不成其为权利，只有义务；在行政法的控权论时代，权力被严格控制在法律的范围内，行政法的全部规范在于控制行政权力，防止其侵犯私权，权力与权利之间“井水不犯河水”；在行政法的平衡论时代，强调权力与权利的平衡，在实现平衡的过程中，由于权力的强势地位，部分呈现为权力对权利的保护，以实现二者在事实上的均衡状态。笔者正是从这个角度具体阐述了行政主体服务于民的观念及其在行政法制度中的实践。

在前面几章中，笔者描述了一个充分重视公民权利和为公民权利提供服务的基本理念，这个理念就是行政惠民。笔者认为，行政惠民理念应当成为行政法中一个永恒的主题，为公民提供服务与帮助是政府的责任，行政主体是政府责任的承担者。当然，行政主体的行为中既包括管理行为，也包括服务行为。对于行政管理行为，无论是从通过管理所达致良好的秩序和正常的竞争环境层面，还是从通过管理间接保护公民合法权益的角度，我们都可以看到其服务于民的目的，而且服务于民是能够实施管理行为的唯一正当性理由与目的。对于行政服务行为，则充分体现了行政主体的服务精神。但是由于受我国历史文化传统的影响，行政主体的“官本位”和“权力意识”十分浓厚，在实践中表现为重管理轻服务，重秩序维护而轻权利保护，这种状况对于我们当下所大力倡导的服务型政府的构建与和谐社会的目标实现而言，都是一种障碍。所以，在行政法领域内肃清管理论的影响，坚持新时期的平衡论是我们实现和谐社会的必经之路，这也是本书的写作目的。要树立行政主体的服务精神，要在行政行为中体现人文关怀，要把行政过程变成提供服务和给惠于民的过程。即不仅行政目的要合乎服务精神，行政手段和过程同样要合乎服务精神。由此引出本书的第二个问题，即如何完善现行行政法律制度，使之全方位地满足为民提供服务与帮助之要求。笔者并没有从宏观的角度泛泛地谈如何完善行政行为制度，而是从微观角度对具体行政行为向着惠民目的的角度给予完善和建设，而且就具体行政行为而言，笔者也未敢以所有现行具体行政行为为标靶，只是选取手段比较柔和且行为本身性质具有某种程度之服务性的几类行政行为作为研究对象，在调研行为现状的基础上，提出具体的完善措施，以期能够对实践有所助益。

政府对公民权利的尊重、保护和增进的责任不能回避，即使是在市场经济体制中，即使要遵循自由竞争、优胜劣汰的竞争规则，而政府的宏观调控作用以及对于市场无序竞争的矫正责任依旧不能忽略，比如当下由美国的次贷危机引起的全球范围内的金融危机，各国政府对此都采取了积极的态度，不仅出面协调收购濒临破产的地产融资抵押金融机构，而且不惜斥重金实施救市，以保护市场的正常运转和纳税人的基本权益。各国政府都已经意识到其对市场，实质最终是对公民所负有的保护责任，而且也都将服务于民、给惠于民的理念付诸实施。由此可见，随着民主法治观念的深入人心，随着公民权利意识的加强以及对政府职能认识的渐趋成熟，人们对于政府提供服务和便利、履行照顾和帮助公民的义务将会有更高的要求。同时，基于公民权意识的觉醒，公民对于参与政治和行政过程，与行政主体在协商以及达成合意的前提下完成行政行为并最终达致行政行为目的也会有更大的热情。所以，无论从理论发展，还是从现实情况来分析，政府服务于民、给惠于民都将是唱响社会的永恒旋律。

# 参考文献


## 一、中文原著

1. 罗豪才主编:《行政法论丛》(第7卷),法律出版社2004年版。
2. 罗豪才主编:《现代行政法的平衡理论》(第1辑),北京大学出版社1997年版。
3. 罗豪才主编:《现代行政法的平衡理论》(第2辑),北京大学出版社2003年版。
4. 罗豪才主编:《行政法论丛》(第4卷),法律出版社2001年版。
5. 罗豪才等:《软法与公共治理》,北京大学出版社2006年版。
6. 张文显:《法哲学范畴研究》,中国政法大学出版社2001年版。
7. 张文显主编:《法学理论前沿论坛》(第2卷),科学出版社2003年版。
8. 张文显:《二十世纪西方法哲学思潮研究》,法律出版社2006年版。
9. 张文显主编:《马克思主义法理学——理论、方法和前沿》,高等教育出版社 2003 年版。
10. 张文显、李步云主编:《法理学论丛》(第 1 卷),法律出版社 1999 年版。
11. 张文显、李步云主编:《法理学论丛》(第 2 卷),法律出版社 2000 年版。
12. 陈新民:《中国行政法学原理》,中国政法大学出版社 2002 年版。
13. 陈新民:《法治国公法学原理与实践》(上),中国政法大学出版社 2007 年版。
14. 陈新民:《法治国公法学原理与实践》(中),中国政法大学出版社 2007 年版。
15. 陈新民:《法治国公法学原理与实践》(下),中国政法大学出版社 2007 年版。
16. 陈新民:《公法学札记》,中国政法大学出版社 2001 年版。
17. 宋功德:《行政法的均衡之约》,北京大学出版社 2004 年版。
18. 宋功德:《论经济行政法的制度结构——交易费用的视角》,北京大学出版社 2003 年版。
19. 宋功德:《行政法哲学》,法律出版社 2000 年版。
20. 胡建淼主编:《行政法学》,复旦大学出版社 2003 年版。
21. 陈振明主编:《公共管理学》,中国人民大学出版社 1999 年版。
22. 姜明安主编:《行政法与行政诉讼法》,北京大学出版社、高等教育出版社 2005 年版。
23. 石佑启:《论公共行政改革与行政法学范式转换》,北京大学出版社 2003 年版。
24. 叶必丰:《行政法的人文精神》,湖北人民出版社 1999 年版。

25. 傅小随:《中国政治体制改革的制度分析》,国家行政学院出版社 1999 年版。
26. 王名扬:《美国行政法》,中国法制出版社 1995 年版。
27. 杨建顺:《日本行政法通论》,中国法制出版社 1998 年版。
28. 胡锦光、杨建顺、李元起:《行政法专题研究》(第 2 版),中国人民大学出版社 2006 年版。
29. 孙笑侠:《法律对行政的控制——现代行政法的法理解释》,山东人民出版社 1999 年版。
30. 杨海坤、关保英:《行政法服务论的逻辑结构》,中国政法大学出版社 2002 年版。
31. 莫于川:《行政指导论纲》,重庆大学出版社 1999 年版。
32. 叶必丰:《行政法学》,武汉大学出版社 1996 年版。
33. 郭润生、宋功德:《论行政指导》,中国政法大学出版社 1999 年版。
34. 袁曙宏:《社会变革中的行政法制》,法律出版社 2001 年版。
35. 傅红伟:《行政奖励研究》,北京大学出版社 2003 年版。
36. 翁岳生:《行政法》,台湾翰芦图书出版有限公司 1998 年版。
37. 傅士成:《行政强制研究》,法律出版社 2001 年版。
38. 胡建淼主编:《行政法学》,复旦大学出版社 2003 年版。
39. 赵宏:《法治国下的行政行为存续力》,法律出版社 2007 年版。
40. 张晋藩:《中国法律的传统与近代转型》,法律出版社 2005 年版。
41. 强世功:《法律的现代性剧场:哈特与富勒论战》,法律出版社 2006 年版。
42. 王莉君:《权力与权利的思辨》,中国法制出版社 2005 年版。

43. 张千帆:《西方宪政体系》(下册·欧洲宪法),中国政法大学出版社 2005 年版。
44. 王克稳:《经济行政法基本论》,北京大学出版社 2004 年版。
45. 陈弘毅:《法理学的世界》,中国政法大学出版社 2003 年版。
46. 李传军:《管理主义的终结——服务型政府兴起的历史与逻辑》,中国人民大学出版社 2007 年版。
47. 武玉英:《变革社会中的公共行政——前瞻性行政研究》,北京大学出版社 2005 年版。
48. 张树义:《中国社会结构变迁的法学透视——行政法学背景分析》,中国政法大学出版社 2002 年版。
49. 关保英:《行政法的私权文化与潜能》,山东人民出版社 2003 年版。
50. 余凌云:《行政契约论》,中国人民大学出版社 2000 年版。
51. 梁治平:《法辨——中国法的过去、现在与未来》,中国政法大学出版社 2002 年版。
52. 朱新力主编:《行政法律责任研究——多元视角下的诠释》,法律出版社 2004 年版。
53. 应松年主编:《四国行政法》,中国政法大学出版社 2005 年版。
54. 徐振东:《宪法解释的哲学》,法律出版社 2006 年版。
55. 刘星:《西方法律思想导论》,法律出版社 2007 年版。
56. 周伟:《宪法基本权利司法救济研究》,中国人民公安大学出版社 2003 年版。
57. 朱应平:《论平等权的宪法保护》,北京大学出版社 2004 年版。
58. 汪习根:《法治社会的基本人权——发展权法律制度研究》,中国人民公安大学出版社 2002 年版。

59. 温辉:《受教育权入宪研究》，北京大学出版社 2003 年版。
60. 龚向和:《受教育权论》，中国人民公安大学出版社 2004 年版。
61. 邱小平:《法律的平等保护——美国宪法第十四条修正案第一款研究》，北京大学出版社 2005 年版。
62. 姜明安:《行政法学》，山西人民出版社 1985 年版。
63. 何怀宏:《公平的正义——解读罗尔斯正义论》，山东人民出版社 2002 年版。
64. 董炯:《国家、公民与行政法》，北京大学出版社 2001 年版。
65. 方世荣:《论行政相对人》，中国政法大学出版社 2000 年版。
66. 方世荣、戚建刚:《权力制约机制及其法制化研究》，中国财政经济出版社 2002 年版。
67. 冯亚东:《平等、自由与中西文明》，法律出版社 2002 年版。
68. 龚祥瑞:《比较宪法与行政法》，法律出版社 2003 年版。
69. 关保英:《行政法的价值定位》，中国政法大学出版社 1997 年版。
70. 郭道晖:《法的时代呼唤》，中国法制出版社 1998 年版。
71. 季卫东:《法治秩序的建构》，中国政法大学出版社 1999 年版。
72. 沈岿:《谁还在行使权力》，清华大学出版社 2003 年版。
73. 王成栋:《政府责任论》，中国政法大学出版社 1999 年版。
74. 文正邦主编:《法治政府建构论：依法行政理论与实践研究》，法律出版社 2002 年版。
75. 罗豪才、沈岿:《平衡论：一种行政法的认知模式》，北京大学出版社 1999 年版。
76. 陈振明主编:《政府再造——西方“新公共管理运动”述评》，中国人民大学出版社 2003 年版。

## 二、中文译著

1. ［美］约翰·罗尔斯：《政治自由主义》，万俊人译，译林出版社2000年版。

2. ［德］奥托·迈耶：《德国行政法》，刘飞译，商务印书馆2002年版。

3. ［法］莱昂·狄骥：《公法的变迁·法律与国家》，郑戈、冷静译，辽海出版社、春风文艺出版社1999年版。

4. ［法］古斯塔夫·佩泽尔：《法国行政法》，廖坤明、周洁译，国家行政学院出版社2002年版。

5. ［德］汉斯·J. 沃尔夫、奥托·巴霍夫、罗尔夫·施托贝尔：《行政法》（第1卷），高家伟译，商务印书馆2002年版。

6. ［德］汉斯·J. 沃尔夫、奥托·巴霍夫、罗尔夫·施托贝尔：《行政法》（第2卷），高家伟译，商务印书馆2002年版。

7. ［英］威廉·韦德：《行政法》，徐炳等译，中国大百科全书出版社1997年版。

8. ［美］珍妮特·V. 登哈特、罗伯特·B. 登哈特：《新公共服务——服务，而不是掌舵》，丁煌译，中国人民大学出版社2004年版。

9. ［日］室井力主编：《日本现代行政法》，吴微译，中国政法大学出版社1995年版。

10. ［新西兰］迈克尔·塔格特：《行政法的范围》，金自宁译，中国人民大学出版社2006年版。

11. ［日］大桥洋一：《行政法学的结构性变革》，吕艳滨译，中国人民大学出版社2008年版。

12. ［日］谷口安平：《程序的正义与诉讼》，王亚新、刘荣军译，中国政法大学出版社 2002 年版。
13. ［美］霍尔巴赫：《自然政治论》，陈太先、眭茂译，商务印书馆 1994 年版。
14. ［英］弗里德利希·冯·哈耶克：《自由秩序原理》（上），邓正来译，生活·读书·新知三联书店 1997 年版。
15. ［英］弗里德利希·冯·哈耶克：《自由秩序原理》（下），邓正来译，生活·读书·新知三联书店 1997 年版。
16. ［英］弗里德利希·冯·哈耶克：《法律、立法与自由》（第 1 卷），邓正来译，中国大百科全书出版社 2000 年版。
17. ［英］昆廷·斯金纳、博·斯特拉思：《国家与公民——历史·理论·展望》，彭利平译，华东师范大学出版社 2005 年版。
18. ［美］罗斯科·庞德：《法理学》（第 1 卷），邓正来译，中国政法大学出版社 2004 年版。
19. ［美］乔治·霍兰·萨科教拜因：《政治学说史》，盛葵阳、崔妙因译，商务印书馆 1999 年版。
20. ［美］理查德·A. 波斯纳：《法理学问题》，苏力译，中国政法大学出版社 2002 年版。
21. ［法］罗伯斯庇尔：《革命法制和审判》，赵涵舆译，商务印书馆 1965 年版。
22. ［日］盐野宏：《行政法》，杨建顺译，法律出版社 1999 年版。
23. ［日］南博方：《日本行政法》，杨建顺、周作彩译，中国人民大学出版社 1988 年版。
24. ［英］哈特：《法律的概念》，张文显等译，中国大百科全书出版社 1996 年版。
25. ［美］本杰明·卡多佐：《司法过程的性质》，苏力译，商务印书馆 1998 年版。
26. ［美］乔治·弗雷德里克森：《公共行政的精神》，张成福等译，中国人民大学出版社 2003 年版。
27. ［英］韦恩·莫里森：《法理学——从古希腊到后现代》，李桂林等译，武汉大学出版社 2003 年版。
28. ［英］约翰·穆勒：《政治经济学原理——及其在社会哲学上的若干应用》（下卷），胡企林、朱泱译，商务印书馆 1991 年版。
29. ［德］乌尔海希·巴迪斯：《德国行政法读本》，于安译，高等教育出版社 2006 年版。
30. ［美］加尔布雷思：《好社会：人道的记事本》，胡利平译，译林出版社 1999 年版。
31. ［美］萨缪尔森：《经济学》，高鸿业译，商务印书馆 2003 年版。
32. ［美］彼得·布劳、马歇尔·梅耶：《现代社会中的科层制》，马戎等译，学林出版社 2001 年版。
33. ［美］罗伯特·C. 埃里克森：《无需法律的秩序——邻人如何解决纠纷》，苏力译，中国政法大学出版社 2003 年版。
34. ［日］和田英夫：《现代行政法》，倪健民、潘世音译，中国广播电视出版社 1993 年版。
35. ［美］哈罗德·J. 伯尔曼：《法律与宗教》，梁治平译，三联书店 1991 年版。
36. ［澳］菲利普·佩迪特：《共和主义——一种关于自由与政府的理论》，刘训练译，凤凰出版传媒集团、江苏人民出版社 2006 年版。
37. ［英］马丁·洛克林：《公法与政治理论》，郑戈译，商务印书馆 2003 年版。
38. ［美］尼古拉斯·亨利:《公共行政与公共事务》，项龙译，华夏出版社 2002 年版。
39. ［英］约翰·奥斯丁:《法理学的范围》，刘星译，中国法制出版社 2002 年版。
40. ［法］托克维尔:《论美国的民主》，董果良译，商务印书馆 2006 年版。
41. ［英］洛克:《政府论》（上篇），瞿菊农、叶启芳译，商务印书馆 2004 年版。
42. ［英］洛克:《政府论》（下篇），瞿菊农、叶启芳译，商务印书馆 2004 年版。
43. ［美］理查德·B. 斯图尔特:《美国行政法的重构》，沈岿译，商务印书馆 2002 年版。
44. ［英］保罗·P. 克雷格:《英国与美国的公法与民主》，毕洪海译，中国人民大学出版社 2008 年版。
45. ［美］基思·E. 惠廷顿:《宪法解释：文本含义、原初意图与司法审查》，杜强强、刘国、柳建龙译，中国人民大学出版社 2006 年版。
46. ［英］卡罗尔·哈洛、理查德·罗林斯:《法律与行政》（下卷），杨伟东等译，商务印书馆 2004 年版。
47. ［爱尔兰］J. M. 凯利:《西方法律思想简史》，王笑红译，法律出版社 2002 年版。
48. ［英］W. Ivor 詹宁斯:《法与宪法》，龚祥瑞、侯健译，生活·读书·新知三联书店 1997 年版。
49. ［美］罗纳德·德沃金:《认真对待权利》，信春鹰、吴玉章译，中国大百科全书出版社 1998 年版。
50. ［英］A. J. M. 米尔恩：《人的权利与人的多样性——人权哲学》，夏勇、张志铭译，中国大百科全书出版社 1995 年版。
51. ［德］马克斯·韦伯：《论经济与社会中的法律》，张乃根译，中国大百科全书出版社 1998 年版。
52. ［美］迈克尔·D. 贝勒斯：《法律的原则——一个规范的分析》，张文显等译，中国大百科全书出版社 1996 年版。
53. ［日］美浓部达吉：《公法与私法》，黄冯明译，中国政法大学出版社 2003 年版。
54. ［美］O. C. 麦克斯怀特：《公共行政的合法性——一种话语分析》，吴琼译，中国人民大学出版社 2002 年版。
55. ［美］欧内斯特·盖尔霍恩、罗纳德·M. 利文：《行政法与行政程序概要》，黄列译，中国社会科学出版社 1996 年版。
56. ［美］P. 诺内特、P. 塞尔兹尼克：《转变中的法律与社会：迈向回应型法》，张志铭译，中国政法大学出版社 2004 年版。
57. ［美］特里·L. 库珀：《行政伦理学：实现行政责任的途径》（第 4 版），张秀琴译，中国人民大学出版社 2001 年版。
58. ［美］詹姆斯·W. 费斯勒、唐纳德·F. 凯特尔：《行政过程中的政治——公共性政学新论》（第 2 版），陈振明译，中国人民大学出版社 2002 年版。
59. ［法］路易·若斯兰：《权利相对论》，王伯琦译，中国法制出版社 2006 年版。

**三、期刊文献**

1. 罗豪才、宋功德：“现代行政法学与制约、激励机制”，载《中国法学》2000 年第 3 期。
2. 罗豪才："行政法的核心与理论模式"，载《法学》2002 年第 8 期。
3. 罗豪才、袁曙宏、李文栋："现代行政法的理论基础——论行政机关与相对一方的权利义务平衡"，载《中国法学》1993 年第 1 期。
4. 罗豪才："行政法的核心与理论模式"，载《法学》2002 年第 8 期。
5. 罗豪才、甘雯："行政法的'平衡'及'平衡论'范畴"，载《中国法学》1996 年第 4 期。
6. 罗豪才、沈岿："平衡论：对现代行政法的一种本质思考——再谈现代行政法的理论基础"，载《中外法学》1996 年第 4 期。
7. 罗豪才："现代行政法制的发展趋势"，载《国家行政学院学报》2001 年第 5 期。
8. 罗豪才、崔卓兰："论行政权、行政相对方权利及相互关系"，载《中国法学》1998 年第 3 期。
9. 罗豪才："行政法的核心与理论模式"，载《法学》2002 年第 8 期。
10. 罗豪才、宋功德："行政法的失衡与平衡"，载《中国法学》2001 年第 2 期。
11. 崔卓兰："试论非强制行政行为"，载《吉林大学社会科学学报》1998 年第 5 期。
12. 崔卓兰："行政法观念更新试论"，载《吉林大学社会科学学报》1995 年第 5 期。
13. 包万超："行政法平衡理论比较研究"，载《中国法学》1999 年第 2 期。
14. 杨解君："当代中国行政法（学）的两大主题——兼答王锡锌、沈岿同志"，载《中国法学》1997 年第 5 期。
15. 杨解君："行政法平等理念之塑造"，载《法学》2004 年第 7 期。
16. 杨解君："契约理念引入行政法的背景分析——基础与条件"，载《法制与社会发展》2003 年第 3 期。
17. 杨解君："论行政法理念的塑造——契约理论与权利理念的整合"，载《法学评论》2003 年第 1 期。
18. 杨解君："契约文化的变迁及其启示（上）——契约理念在公法中的确立"，载《法学评论》2004 年第 6 期。
19. 杨解君："契约文化的变迁及其启示（下）——契约理念在公法中的确立"，载《法学评论》2005 年第 1 期。
20. 杨解君："行政法的义务、责任之理念与制度创新——契约理念的融入"，载《法商研究》2006 年第 3 期。
21. 张慧平、王霄艳："论社会保障权的合法性基础"，载《理论探索》2006 年第 4 期。
22. 姜明安："服务型政府呼唤公法转型"，载《中国法学》2006 年年第 3 期。
23. 莫于川："行政指导的法学理论背景简析"，载《云南大学学报》2004 年第 2 期。
24. 莫于川："法治视野中的行政指导行为——论我国行政指导的合法性问题与法治化路径"，载《现代法学》2004 年第 3 期。
25. 莫于川、郭庆珠："论现代服务行政与服务行政法——以我国服务行政法律体系建构为重点"，载《法学杂志》2007 年第 2 期。
26. 董琦："转型期政府行政模式重构的生态分析"，载《行政论坛》2002 年第 3 期。

27. 孙立平："走向市场经济条件下的和谐社会"，载《发展》2005 年第 9 期。

28. 张康之："限制政府规模的理念"，载《行政论坛》2000 年第 4 期。

29. 吴锦良："政府职能转变与行政精神重塑"，载《浙江社会科学》1996 年第 3 期。

30. 于安："论社会行政法"，载《现代法学》2007 年第 5 期。

31. 张明锋、朱战芳："中国宪政建设与规范行政权"，载《河北省社会主义学院学报》2008 年第 5 期。

32. 袁曙宏、宋功德："通过公法变革优化公共服务"，载《国家行政学院学报》2004 年第 5 期。

33. 武步云："行政法的理论基础——公共权力论"，载《法律科学》1994 年第 3 期。

34. 杨海坤："论我国行政法学的基础理论"，载《北京社会科学》1989 年第 1 期。

35. 郭殊："论行政法治主义与行政法的理论基础"，载《重庆社会科学》2006 年第 1 期。

36. 周佑勇："行政法理论基础诸说的反思、整合与定位"，载《法律科学》1999 年第 2 期。

37. 文正邦："职责本位论初探——行政法理论基础试析"，载《法商研究》2001 年第 3 期。

38. 陈天本、许永勤："行政法律制度变迁与新公共行政"，载《中国人民大学学报》2002 年第 4 期。

39. 张弘："行政决定转化为行政合同的必要与可能"，载《青海社会科学》2007 年第 1 期。
40. 李卫华："论行政合同的涵义"，载《山东师范大学学报（人文社会科学版）》2005 年第 4 期。
41. 黄学贤、周春华："行政合同法律性质之学理反思"，载《江南大学学报（人文社会科学版）》2007 年第 6 期。
42. 杨洲、宋叔芬："行政合同'违约责任'性质刍议"，载《行政与法》2000 年第 1 期。
43. 曾荣鑫："略论行政奖励概念的重构"，载《科教文汇》2007 年第 6 期。
44. 金艳："行政调解的制度设计"，载《行政法学研究》2005 年第 2 期。
45. 李浩："调解的比较优势与法院调解制度的改革"，载《南京师大学报（社会科学版）》2002 年第 4 期。
46. 朱新力、高春燕："行政诉讼应该确定调解原则吗"，载《行政法学研究》2004 年第 4 期。
47. 刘爱芳："以平衡论为视角看我们需要什么样的政府信息公开制度"，载《湖湘论坛》2007 年第 1 期。
48. 王宝明："从多层面探讨行政法的基本理念"，载《中外法学》1996 年第 5 期。
49. 王振宇："行政法的核心理念与制度变迁"，载《吉林大学社会科学学报》1995 年第 5 期。
50. 余蓝、殷茵："试论行政法理念的重塑"，载《云南行政学院学报》2001 年第 5 期。
51. 贺乐民、高全："论行政法的合作理念"，载《法律科学》2008 年第 4 期。

52. 张春莉、杨解君："论行政法的平等理念——概念与观念"，载《文史哲》2005 年第 5 期。

53. 王丛峰："行政法之平等协作理念的确立缘由探析"，载《中南财经政法大学研究生学报》2008 年第 1 期。

54. 高秦伟："政府福利、新财产权与行政法的保护"，载《浙江学刊》2007 年第 6 期。

55. 胡敏洁："给付行政与行政组织法的变革——立足于行政任务多元化的观察"，载《浙江学刊》2007 年第 2 期。

56. 胡敏洁："一种双重面向的权利——论福利权的法律性质"，载《河北法学》2007 年第 10 期。

**四、外文原著**

1. Alex Carroll, *Constitutional and Administrative Law*, revised ed., Financial Times Pitman Publishing, 1998.

2. Benjamin Barber, *Strong Democracy: Participatory Politics for a New Age*, Berkeley: University of California Press, 1984.

3. Berkley, Rouse, Begovich, *The Craft of Public Administration*, 5th ed., Wm. C. Brown Publishers, 1991.

4. Craig R. Ducat, Harold W. Chase, *Constitutional Interpretation: Powers of Government*, 5th ed., West Publishing Company, 1992.

5. Dean. Hummel, Lou C. Talbutt, M. David Alexander, *Law and Ethics in Counseling*, New York: Van Nostrand Reinhold Company, 1985.

6. D. J. Galligan, *Due Process and Fair Procedures*, Oxford: Clarendon Press, 1996.

7. J. L. Mashaw, *Due Process in the Administrative State*, London: Yale

University Press, 1985.

8. John H. Garvey, T. Alexander Aleinikoff, *Modern ConstitutionalTheory: A Reader*, 2nd ed., West Publishing Co., 1991.
9. Michael Harris and Martin Partington (eds.), *Administrative Justice in the 21st Century*, Oxford: Hart Publishing, 1999.
10. Richard. J. Pierce. JR, Sidney. A. Shapiro, Paul. R. Verkuil (eds.), *Administrative Law and Process*, 3rd ed., New York: Foundation Press, 1999.
11. Susan Sterett, *Creating Constitutionalism—The Politics ofLegal Expertise and Administrative Law in England and Wales*, University of Michigan Press, 2000.
12. Austin Sarat, Thomas R. Kearns, *Justice and Injustice in Law and Legal Theory*, The University of Michigan Press, 1996.

**五、其他文献**

1. "中共中央关于构建社会主义和谐社会若干重大问题的决定"，载《法制日报》2006年10月19日，第1版。
2. 于安："建设服务型政府 我国行政法体系亟待转型"，载《人民日报》2007年12月26日，第9版。
3. 李伟伟："行政奖励制度刍议"，郑州大学2004年博士学位论文。
4. 胡弘弘："公民制度若干问题研究"，武汉大学法学院2003年博士学位论文。
5. 周娟："辩诉交易：公法私法化的制度实践"，载中国诉讼法律网，http://www.procedurallaw.cn/xsss/zdwz/200807/t2008072
4_51461.html，访问日期：2008年9月19日。